多维视域下高校学生管理探究

刘惠春 著

合肥工業大學出版社

图书在版编目(CIP)数据

多维视域下高校学生管理探究/刘惠春著．--合肥：合肥工业大学出版社，2025．--ISBN 978-7-5650-7198-0

Ⅰ．G645.5

中国国家版本馆 CIP 数据核字第 2025CN0806 号

多维视域下高校学生管理探究

刘惠春　著　　　　责任编辑　赵　娜

出　版	合肥工业大学出版社	版　次	2025 年 9 月第 1 版
地　址	合肥市屯溪路 193 号	印　次	2025 年 9 月第 1 次印刷
邮　编	230009	开　本	710 毫米×1010 毫米　1/16
电　话	理工图书出版中心：0551-62903004	印　张	11.75
	营销与储运管理中心：0551-62903198	字　数	192 千字
网　址	press.hfut.edu.cn	印　刷	安徽联众印刷有限公司
E-mail	hfutpress@163.com	发　行	全国新华书店

ISBN 978-7-5650-7198-0　　　　定价：36.00 元

前言

高校是我国人才培养的重要场所。高校学生管理是高校管理工作的重要组成部分，主要包括学生日常管理和学生思想政治工作，以培养具有创新精神和实践能力的高层次人才为目标。如何有效地开展这一工作，将完成人才培养使命与建立和谐社会目标相统一，是高校工作者要深入研究的问题。随着社会主义市场经济体制的逐步完善、高等教育事业的快速发展及信息时代对大学生思想观念的影响加深，高校学生管理工作面临着严峻的挑战。

长期以来，我国高校学生管理工作存在着不足，主要表现在管理模式上，只保证学生的基本安全和课程学习，忽视了对学生的人文关怀及多方位全面发展需求的呼应等，传统的学生管理观念、管理方法和手段已难以适应形势发展的需要。因此，在人才竞争日益激烈的新形势下，高校学生管理必须在管理理念、管理制度、管理模式、管理方式等方面进行改革，创新思路，以培养出适应时代发展、符合时代需求的高质量人才，为我国的社会主义现代化建设贡献一份力量。

据此，著者在总结梳理前人相关研究的基础上，结合工作实践撰写了本书。全书共分为六章，包括绪论、高校学生管理模式的创新、高校学生管理的机构设置与队伍建设、高校学生管理的思想政治教育融合发展、高校学生管理的大数据赋能、高校学生管理的法治化建设，力求为我国高校学生管理事业的发展和改革提供一些有价值的思考。

本书在写作过程中参考了许多国内外专家、学者的研究成果，在此表示衷心的感谢！尽管著者本着高度的工作热情撰写本书，但书中仍可能存在某些不足，敬请广大读者批评指正。

刘惠春

2025 年 2 月

目录

第一章

绪 论

第一节 高校学生管理的内涵

一、高校学生管理的含义

高校学生管理是高等学校为达成人才培养目标，依据国家教育方针及相关法规，由管理人员主导的一项系统性工作。其核心在于科学整合、引导与调配校内资源，包括人力、物力、财力、时间、信息等，通过预测、规划、执行、反馈与监控等环节实现高效运行。作为学校管理体系的关键构成，该领域内涵丰富，需深入探究：第一，管理对象（大学生）的发展规律、需求特征及其所处社会环境的影响；第二，管理者队伍（学生工作专职人员）应具备的素养结构、能力要求及其专业化建设路径；第三，适用于学生群体的管理机制、原则与方法论。

二、高校学生管理的内容

高校学生管理兼具教育实践与管理实践的双维属性。一方面，它遵循教育学的基本原理与内在规律；另一方面，它也严格遵循管理学所揭示的运行法则。因此，该领域可视为高等教育学与管理学交叉形成的一门应用性学科。

如同所有管理学科一样，其核心研究命题聚焦于效率问题。具体而言，其核心研究命题是探索如何通过优化学生管理的运行机制与资源配置，以最高效能达成高校的人才培养目标。

高校学生管理的核心使命在于探索实现学生德智体美劳全面发展的最优路径。这涵盖了对培养方案、决策规划、治理架构、组织设计及操作流程的系统性优化。该领域具有显著的跨学科特征，其理论基础广泛汲取自马克思主义哲学、高等教育学、社会学、心理学、管理学、行政学、统计学以及系统科学，包括系统论、控制论、信息论等学科的精髓。因此，深化对这一领域的研究，必须紧密结合高校学生管理实践，充分融合相关学科的理论成果，构建坚实的科学管理基础。唯有如此，学生管理工作者方能依托科学的指导理念与方法论，切实提升管理效能。

从本质上看，高校学生管理聚焦于大学生在校期间的全过程培养与行为引导，其内容体系多元而复杂，主要涵盖以下几个关键维度。

（一）高校学生的德育管理

德育管理即为思想政治教育与价值引领，是高校根据大学生的身心发展特点和品德形成规律，有目的、有计划、有组织地对大学生在心理上施加系统的影响，其核心在于通过系统的理论教育、社会实践、校园文化活动及日常谈心谈话等方式，引导学生树立正确的世界观、人生观、价值观，坚定理想信念，厚植爱国情怀，弘扬社会主义核心价值观。它关注学生的思想动态、道德品质、政治素养和社会责任感的培养，帮助学生明确人生方向，塑造健全人格，成为担当民族复兴大任的时代新人。德育管理是确保人才培养正确政治方向的根本保障。

（二）高校学生的学习管理

高校学生的学习管理聚焦于学生的核心任务学习，是高校按照一定的专业教育标准，有目的、有计划地对大学生进行专业教育，使其最终成长为具有丰富、系统的专业知识与技能的合格人才。具体来说，高校学生的学习管理需要包括以下几个方面的内容：大学生知识学习的管理；大学生技能培养的管理；大学生智力开发的管理。管理者可以通过学风建设，促进学生知识、能力和素质的协调发展，营造勤奋、严谨、求实、创新的学习氛围，为学生的专业成长和终身学习奠定坚实基础。

（三）高校学生的学籍管理

高校学生的学籍管理是指高校依据国家教育方针、教育教学规律和大学生身心发展特征，针对正式注册学生构建的学业身份全周期管理体系。该体系通过制定严谨的规章制度，对学生在校期间的关键学业节点进行规范管理，涵盖入学注册、学业考核与成绩记录、学籍异动（升级、留/降级、转专业/转学）、学籍状态变更（休学、复学、退学）、奖惩实施及最终的毕业资格审查等环节。高效实施学籍管理，需着重强化以下几个核心环节。

第一，新生入学资格核查机制：严格审核新生录取资格及报到材料，确保生源质量与注册信息准确无误。

第二，学业表现动态监测系统：建立科学、规范的成绩录入、存储与分析流程。客观评估教学效果、追踪学生学习状况、及时发现问题并优化教学策略、激发学生学习动力。

第三，毕业资质综合评估程序：依据培养方案及学籍管理规定，全面审核学生学业完成情况与综合素质表现，严格把关毕业资格授予。

（四）高校学生的生活管理

高校学生的生活管理关注学生在校期间的日常行为、生活保障与基础服务，其目标是保障学生在校学习生活的基本秩序、安全稳定和身心健康，培养学生良好的生活习惯、纪律观念和自理能力，营造安全、文明、舒适、和谐的校园生活环境。学生行为规范的制定与执行、基础生活服务、奖助学金与困难帮扶体系的运行、心理健康教育与咨询服务的提供等，不仅会影响大学生的身心能否得到健康发展，大学生能否建立正常的学习、生活和工作秩序，还会影响高校的人才培养目标能否得到有效实现。因此，高校必须对大学生的生活管理予以足够的重视。

（五）高校学生的行为管理

高校学生的行为管理也是高校学生管理的一项重要内容。所谓高校学生的行为管理就是高校要对大学生的日常行为进行指导、监督、检查和纠正，以引导大学生形成良好的行为习惯。

这里需要特别指出的一点是，在对高校学生的行为进行管理时，要特别注重引导大学生形成健康的道德行为，这对于保证其身心的健康发展具有重要的作用。

（六）高校学生的体育管理

高校学生体育管理是高校为提升学生体能素质与抗压能力，使其有效适应高强度的学习要求，而系统构建并实施的规范化体育活动框架。其核心在于依据科学的体育锻炼标准，引导和组织大学生开展结构化、持续性的身体训练，从而强化其生理机能与健康水平。高校学生的体育管理要想取得良好的成效，应特别注意以下几个方面。

第一，高校学生的体育管理必须与大学生的身心特点相符合。

第二，高校学生的体育管理必须与教育规律相符合。

第三，高校学生的体育管理必须与学校体育管理原则相符合。

第四，高校学生的体育管理要尽可能以最少的投入来获得最佳的体育效益。

（七）高校学生的卫生管理

高校学生的卫生管理也是高校学生管理的一项重要内容，具体涉及以下几个方面：大学生的校园环境卫生管理；大学生的教学设备卫生管理；大学生的膳食卫生管理；大学生的供水卫生管理；大学生的住宿卫生管理；等等。

（八）高校学生的课外活动管理

营造优良育人生态是高校的核心职责之一，需着力构建支持性的学习空间与和谐的生活环境。学生工作管理者应致力于价值引导与规则内化，繁荣校园文化生活。重视学生组织，鼓励其策划并实施契合大学生身心发展需求的多元化实践活动。对此类活动，学校需提供必要的管理框架与专业指导，确保其内容健康、形式科学、过程规范且符合法律法规要求。高校可以将暑期社会实践等深度体验项目与第二课堂成绩单制度等有机结合，学生通过参与这些结构化的团体实践，能够在跨场域协作、人际沟通、社会适应及问题解决能力等关键维度获得显著提升，这对其综合素质的拓展与全面发展具有不可替代的推动作用。

三、高校学生管理的目标

（一）思想价值引领维度

致力于培养具有坚定政治立场和崇高理想信念的新时代青年。重点引导学生确立正确的政治认同，系统掌握中国特色社会主义理论体系，自觉践行社会主义核心价值观。通过理论教育和实践锻炼相结合的方式，塑造学生良好的道德品质和社会责任感，使其成为堪当民族复兴大任的社会主义建设者和接班人。

（二）学识素养培育维度

着力构建学生多元知识体系和综合文化素养。强调培养学生扎实的专业理论基础和跨学科知识储备，掌握科学有效的学习方法，形成自主学习的良好习惯。注重理论与实践相结合的能力培养，帮助学生建立持续学习的发展理念，在实践中检验认知，在反思中完善知识结构。

（三）身心健康发展维度

重点培育学生健全的身心素质。通过科学的体育锻炼体系和丰富的文体活动，促进学生生理机能协调发展；开展心理健康教育和素质拓展训练，提升学生情绪管理和压力应对能力；鼓励参与社会实践活动，增强环境适应性和社会融入度，为未来职业发展奠定身心基础。

（四）创新实践能力维度

着重培养学生创新思维和实践应用能力。引导学生掌握辩证思维方法，培养系统分析和解决问题的能力；通过创新创业教育和科研训练，提升学生的实践创新意识和跨界融合能力；鼓励突破思维定式，在变革环境中保持创新动力，实现自我超越和价值创造。

四、高校学生管理的作用

高校积极开展学生管理有着十分重要的意义，具体表现在以下几个方面。

（一）提升大学生的能力

高校是对人才进行培养的一个重要场所，这就决定了高校的各项工作都必须围绕着人才培养来展开。因此，在开展高校学生管理工作时，要确保其具有提升大学生能力的积极作用。比如，在开展高校学生管理工作时，可以通过引导大学生参与社会实践活动来促进其社会实践能力的提升。

（二）促进高等教育改革的深化

自改革开放以来，我国高等教育事业获得了巨大发展，培养出无数优秀的人才。但是，由于受到多方面因素的影响，高等教育与社会主义事业的发展仍在一定程度上存在着脱节现象。这就决定了在高等教育的发展过程中，高校管理者必须立足于我国社会主义建设的发展现实，积极对高等教育的思想、内容、方法及学生管理工作等进行改革。事实上，有效的高校学生管理及其改革，能够在很大程度上促进高等教育改革的深化。

（三）促进合格人才的培养

高校是人才培养的基地，由于高校学生管理是高校管理的一个重要方面，因此其必须为培养合格的社会主义现代化建设人才服务。具体来看，高校学生管理与一般的管理相比，是一种带有明显的教育性质的服务，即开展高校学生管理工作不仅要促进高校的有效运行，还要尽可能达到教育的目的，使大学生成长为合格的“产品”，即合格的社会主义现代化建设人才。

总之，高校学生管理是一种“管理育人”的管理，需要与高校的教学工作、思想政治工作和心理健康教育工作等有机结合起来，以管理促进教育，以教育推动管理，从而真正促进大学生的成长与成才。

五、高校学生管理的特点

当代大学生作为高知青年群体，呈现出鲜明的代际特征：第一，价值认知层面存在理想追求与现实考量之间的张力；第二，行为模式上表现出认知判断与行为自律的非对称性；第三，价值取向上具有明显的功利化倾向；第四，个性特征彰显强烈的自我意识；第五，社会化进程中面临独立诉求与依赖现实的矛盾；第六，心理素质方面存在快速适应与脆弱承受并存的现象。这些特征要求管理工作必须建立差异化、精准化的育人机制。

高校学生管理工作有以下特点。

（一）育人导向性

高校学生管理的本质是育人过程，其核心使命在于培养德才兼备的复合型人才。通过价值塑造、知识传授和能力培养三位一体的教育模式，着力提升学生的政治素养、专业能力和综合素质，最终实现立德树人的根本目标。

（二）系统协同性

现代学生管理呈现出多维协同的特征：在实施场域上，构建了课堂教学、校园文化、社会实践的立体化育人空间；在参与主体上，形成了学校教育、家庭教育、社会教育的协同育人机制；在方法手段上，实现了传统方式与新兴技术的有机融合。

（三）动态调适性

基于社会发展对人才需求的变化，学生管理必须保持与时俱进的创新特质。这要求管理工作既要立足实践需求创新方法手段，又要通过实践检验不断完善理论体系，形成理论与实践良性互动的管理生态。

六、高校学生管理应遵循的原则

高校学生管理的基本原则是一个多层次、相互联系的完整的体系，有着十分丰富的内容，归纳起来主要是以下几个方面。

（一）方向性原则

管理是一种有目的的活动，管理工作具有方向性。以坚持社会主义方向为准绳，是我国学生管理工作的一个重要的特点。不把握住这一原则，就会偏离社会主义的办学方向。

我国是社会主义国家，社会的性质制约着学校的性质，进而决定学校一切管理工作的性质。因此，我国的高校学生管理工作必须加强党的领导，坚持党的教育方针，充分发挥党组织的战斗堡垒作用和党员的先锋模范作用，认真贯彻党的路线、方针、政策，在政治上与党中央保持一致；对学生要进行马克思列宁主义、毛泽东思想、邓小平理论、“三个代表”重要思想、科学发展观、习近平新时代中国特色社会主义思想主题教育，灌输共产主义思想道德，强化“以人为本”的教育；教育学生学会用马克思主义的立场、观点和方法分析我们在发展社会主义市场经济过程中所面临的新情况、新问题；坚持对学生进行国情教育和社会主义、集体主义、爱国主义教育，提高他们的思想觉悟，使其坚定社会主义信念，具有良好的道德品质和心理素质，从而成为新时代全面发展的建设者和接班人。

方向性原则是高校学生管理工作必须遵循的一条最基本、最重要的原则。

（二）科学性原则

高校学生管理的科学性原则是指学生管理活动在遵循教育的客观规律的前提下，用管理科学的知识和现代化的科学技术手段管理学生。

高校学生管理工作是为教育服务的，因此必须按照教育科学所揭示的客观规律办事，使学生管理工作逐步走向科学化。随着管理科学的发展，现代管理理论与方法已不断被引进到高校学生管理的各个领域。现代管理理论与方法是科学的管理思想、手段、技术的集中体现，根据它来进行学生管理工作，就可以逐步摆脱经验管理、家长式管理，使学生管理的决策、计划、组织、指挥更加科学、合理和高效，更能适应社会主义市场经济发展的客观需要。

高校学生管理的科学性原则要求我们建立一整套严格合理的学生管理制度，逐步实现学生管理机构与制度的科学化。学生管理工作者要加强学习，不断用高等教育科学、现代管理科学的知识和理论武装自己，并结合学生管理的实际情况加以运用，努力提高管理效能。各高校要充分重视管理手段的科学化，尽可能创造良好的环境和条件，给予必要的经费，配备一定数量的技术人才，以适应在发展社会主义市场经济新形势下高校学生管理手段科学化、现代化的需要，努力提高管理效率，收到管理实效。

(三) 民主性原则

高校学生管理的民主性原则就是要求在工作中充分尊重管理人员和广大学生的民主权利，善于集中群众的智慧，发挥大家的积极性、主动性和创造性，共同做好学生管理工作。民主性原则是高校学生管理工作的重要原则之一，它与科学性原则相互促进，科学管理为民主管理开辟了道路，实行民主管理又是实现科学管理的保证。

坚持民主性原则有助于弥补领导者个人才智和经验的不足，有助于克服工作中的官僚主义、主观主义，可使领导者的决策更加科学化，可使学校管理工作少走弯路。坚持民主性原则，有助于调动广大师生的积极性，增强他们的责任感，有助于工作任务的积极推进和完成。

高校学生管理的民主性原则要求我们建立一系列民主管理的制度，进一步拓宽民主建设渠道。比如，许多高校设立的校长信箱制度、定期与不定期召开座谈会等，为广大师生参与管理创造了机会。在此基础上，高校应通过组织手段保证民主管理的实施。要进一步健全共青团、学生会等群众组织，让他们代表各自所辖群体，在决定学校重大问题、监督各级管理机构方面发挥积极作用。

(四) 服务性原则

高校学生管理工作应坚持服务育人的理念，以服务学生为出发点和落脚点。高校在对学生的日常管理中应坚持服务性原则，通过服务达到管理的目的，从学生的根本利益和切身需要出发，把学生看作学生管理工作的主体，一切为了学生。

(五) 整体性原则

高校学生管理的整体性原则即运用系统论认真分析和研究学生管理系统

的内部联系和内部结构，学生管理系统与学校其他系统的联系与协作。重视整体性和综合性，强调整体效应，以达到整体优化的目的，实现管理目标。

高校学生管理作为一个相对独立的系统，它的整体功能是由各部分的组合形式所决定的。要实现学生管理系统整体功能的优化，就必须注意做好总体设计和选择适当的结构方式，以便有效地满足整体的需要，为管理目标服务。学生管理系统的目标是通过严格管理，保证学校的人才培养工作顺利进行，为社会主义现代化建设事业培养全面发展的合格人才。围绕这一目标，必须设立思想政治教育管理、学籍管理、生活管理等一系列子系统。一般而言，在结构方式合理的条件下，如果各子系统性能良好，关系协调，那么其整体效能肯定会较好。相反，如果各子系统虽然自身性能良好，但子系统间关系不协调，都只强调自己的效应，那么就会影响到整体的效能。

整体性原则要求高校学生管理工作必须有一个系统的规划，在机构、人员、任务分配等方面做出合理的总体设计；必须既有全局观点，又有整体优化的观点，绝不能只顾某一局部，而忽视整体效能。整体性原则要求学生管理的方方面面必须既有明确的分工，又有相互合作，各个系统要紧密协作，相互配合。与此同时，整体性原则要求学生管理系统必须加强与其他系统的横向联系与协作，为学校的培养目标服务。

（六）动态性原则

大学生教育管理是一个不断发展变化的动态过程，其实质就是根据大学生变化、发展的情况，及时做出相应的调整，以实现“多出人才、出好人才”的整体目标。为此必须做到以下三点。

一是明确目标，立志改革。要改革大学生管理工作中存在的种种弊端和薄弱环节，适应社会、政治和经济的发展，建设有中国特色的大学生教育管理制度，使管理工作有促进改革的作用，使过去消极的墨守成规的管理工作向能促进改革的现代化管理转变。

二是经常分析新情况，解决新问题。大学生教育管理过程中易出现许多新情况、新问题，这就要求各级管理者定期做深入的调查研究，及时获取原始信息，用动态观点观察处理问题。

三是注意保持管理工作的连贯性和稳定性。大学生教育管理工作的发展、管理质量的提高，要求有一个连贯的过程，以利于管理经验的积累和管理人才的成长。

（七）实效性原则

学生管理工作必须立足校情学情，建立“双维评估”机制：一方面要考量学校的办学定位和资源条件，另一方面要把握学生的成长需求和群体特征。基于此构建分层分类的管理体系，包括组织架构优化、职能边界厘清、目标体系设定等关键环节，最终形成具有校本特色的管理模式。该原则强调管理措施的可操作性和针对性，确保各项工作落地见效。

（八）法治化原则

作为现代管理体系的核心准则，法治化原则强调执行制度的程序正义。具体包含三个层面：一是管理依据合法，所有规章制度必须符合国家法律法规；二是管理程序规范，建立完整的决策、执行、监督流程；三是执行标准统一，做到奖惩有据、裁量适度。该原则强调通过流程再造和标准建设，实现从经验管理向制度管理的转型。

（九）主体发展原则

在新时代教育背景下，高校学生管理需构建“双主体育人”模式：一方面确立学生中心地位，通过赋予学业选择权、管理参与权和评价建议权，培养学生的自主发展能力；另一方面发挥教师引导作用，形成“指导一自主”良性互动机制。该原则强调三个关键维度：一是建立弹性化的学习管理制度，支持跨学科、跨校际的学习体验；二是完善学生参与治理的规范化渠道，平衡自主空间与制度约束；三是构建多元协同的培养体系，整合校内外教育资源，促进学生个性化发展。该原则强调通过权责明晰的制度设计和开放包容的文化营造，实现学生从被动接受到主动建构的转变。

（十）示范浸润原则

高校制度文化的有效建构依赖于“双维示范”机制：一是价值示范维度，教职员工的制度认同度与执行一致性直接塑造学生的规范认知；二是行为示范维度，管理者的履职行为与教师的职业表现持续传递制度价值导向。实践表明，制度执行弹性化裁量会消解规范权威，而教职人员的非制度化行为更易引发学生的规则漠视。因此，必须建立“三位一体”的浸润体系：强化制度执行的刚性约束，杜绝选择性执行；完善教职人员的职业行为规范，发挥身教示范作用；构建制度教育的常态化机制，通过持续的价值渗透促进学生的规范内化。该原则强调通过稳定的制度环境和专业的育人行为，实现从规范约束到价值认同的转化。

第二节 高校学生管理的指导思想

一、马克思主义思想

（一）人的全面发展理论

高等教育肩负着培养德智体美劳全面发展的社会主义建设者和接班人的时代重任，其根本任务在于深刻回答“为谁培养人”和“培养什么人”这一核心命题。马克思主义关于人的全面发展理论为新时代人才培养工作提供了根本遵循和行动指南。从价值维度来看，必须坚持把理想信念教育放在首位，着力培养具有坚定政治立场、深厚家国情怀的社会主义建设者；从知识维度来看，要注重构建学生扎实的专业知识体系和跨学科素养，培养创新思维和实践能力；从素质维度来看，要促进学生在德、智、体、美、劳各方面的协调发展。这一理论在党的二十大报告中得到进一步创新发展，“育新人”的重要论述深刻体现了以文化人、立德树人的教育理念，强调要通过坚定理想信念筑牢精神之基，树立共产主义远大理想和中国特色社会主义共同理想。

新时代高校必须深刻把握这一理论精髓，将其贯穿于人才培养全过程，着力培养千千万万能够担当民族复兴大任的时代新人。这不仅是对马克思主义关于人的全面发展学说的继承和发展，更是对党和国家教育方针的具体落实，为新时代高等教育人才培养工作指明了前进方向，提供了根本遵循。

（二）辩证唯物主义理论

基于辩证唯物主义的指导，高校学生管理需要构建系统化的实践框架。在纵向维度上，应当确立“整体一局部”的层级化治理结构。学生管理系统是由招生培养、日常管理、就业服务等多个子系统构成的有机整体，各子系统既要保持职能边界的清晰性，又需要通过目标协同和流程再造实现系统耦合。具体而言，招生环节要对接培养目标，培养过程要呼应就业需求，形成闭环式的育人链条。在横向维度上，要着力破除部门本位主义，建立“大思政”工作格局。通过搭建数据共享平台、完善联席会议制度、优化考核评价体系等举措，推动教学部门、学工系统、后勤保障等多元主体的深度协作。这种纵横交织的管理模式既遵循了马克思主义关于普遍联系的基本原理，又体现了现代治理体系的创新要求。

在实践中，需要特别注意三个关键点：一是坚持目标导向，将“培养德智体美劳全面发展的社会主义建设者和接班人”作为检验各项工作成效的根本标准；二是强化过程管控，建立动态监测和反馈调节机制；三是注重创新驱动，运用大数据等技术手段提升管理效能。只有将系统思维贯穿管理全过程，才能真正实现从碎片化管理向整体性治理的转型升级，为人才培养提供坚实的制度保障。

二、现代科学思想

现代治校观念要求我们靠现代科学来管理学校、管理学生。具体来说，一要靠教育科学，要遵循教育的外部规律与内部规律办事。比如，高等教育的规模由一定的经济基础决定，反过来又作用于一定的经济基础。高等院校作为高等教育的主要载体和平台，人才、资源、市场面临着越来越激烈的竞争，理念、体制、结构也面临新的变革和调整。高校要准确把握社会脉搏，直接面向市场办学。大学生管理也要研究新情况、解决新问题，面向 21 世纪培养高素质的复合型人才。二要靠运用现代管理科学的理论与方法进行管理，使学生管理队伍的组织机构严密，管理制度科学，人员分工合理，职责范围明确，奖惩分明，动作协调，工作高效等。运用现代管理科学指导学生管理主要是运用它的基本原理：系统整体性原理、要素有用性原理、动态相关性原理、人的能动性原理、规律效应性原理、时空变化性原理、信息传递性原理、控制反馈性原理等。我们应在管理实践中力争使管理组织系统化、管理决策科学化、管理方法规范化和管理手段现代化。

三、国家方针政策

国家的方针政策是高校学生管理的行动准则，因此高校在开展学生管理工作时，要切实以国家的方针政策为指导。

在我国，高等教育事业是国家总体事业的一个重要组成部分，这就决定了高等教育事业必须与一定时期社会的政治、经济发展相适应。由于高校学生管理是影响高等教育事业发展的一个重要环节，因此在开展这项工作时必须以党和国家在一定时期的方针政策为依据。否则，高校学生管理就无法取得良好的成效，高等教育事业的发展也会受到制约。

自中华人民共和国成立以来，党和国家为推动高校学生管理工作的顺利开展，制定了许多方针政策。对于这些方针政策，高校学生管理工作者必须认真研究，并在工作中科学地运用这些政策，保证方针政策得到切实的贯彻执行。此外，高校学生管理工作者必须认真地将方针政策在贯彻执行中遇到的困难和问题，主动地向上级反映和汇报，以便方针政策能够得到不断丰富与完善。

四、人才成长规律

（一）人才成长规律的内容

高校是对人才进行培养的一个重要场所，而人才成长有其特定的规律。人才成长受到主客观多种因素的影响，需要有良好的环境、先进的教育、健康的身心和积极进取的精神。人才成长规律所揭示的就是这些因素之间的联系及对人才成长过程所起的作用。

（二）高校学生管理必须遵循人才成长规律

高校学生管理只有切实遵循人才成长规律，才能确保学生管理取得良好的成效，具体可从以下两个方面着手。

第一，高校在开展学生管理工作时，必须根据高校学生生理、心理发展的需要，综合考虑群体的一般性和个体的特殊性，有针对性地因材施教，使他们都能充分地发挥出自己的聪明才智。要尽力创造良好的学习条件，努力优化育人环境，满足他们成才的愿望。

第二，高校在开展学生管理工作时，必须积极探索先进的思想教育、专业教育的途径与方法，培养学生具有远大的抱负、优良的品质、坚强的意志，使他们具备成才的必要条件。

五、已有管理经验

中华人民共和国成立以来高校学生管理工作的历史经验，为新时代育人实践提供了重要启示。这些经验主要体现在以下三个关键方面。

第一，根本方向层面，必须始终坚守“两个根本”：一是坚持党的全面领导，将党的教育方针贯穿办学治校全过程；二是坚持社会主义办学方向，确保人才培养的政治属性。这一原则要求把党的理论创新成果转化为育人实践，通过健全“三全育人”机制，激发师生投身民族复兴伟业的内生动力。

第二，制度规范层面，构建现代大学治理体系需要实现“三个转化”：一是将行之有效的管理经验转化为制度规范；二是将民主管理机制转化为常态化运行程序；三是将权责利统一原则转化为科学的激励机制。这种制度化的核心在于实现价值引领与科学管理的有机统一。

第三，实践育人层面，着力推进“两个结合”：一是理论教育与社会实践的深度结合，培养知行合一的应用型人才；二是专业学习与劳动教育的有机结合，锤炼学生解决实际问题的能力。这种培养模式既传承了马克思主义教育思想，又回应了新时代对复合型人才的现实需求。

第三节　高校学生管理的理论基础

一、学生发展理论体系

高校学生管理和学生发展理论的发展历程是息息相关的，学生发展理论的丰富和完善深刻影响着高校学生管理的变革，同时高校学生管理理念和管理模式的变革在很大程度上也影响着学生发展理论的实践效果，两者是相互促进和制约的关系。学生发展理论于20世纪20年代兴起于美国，美国对于学生发展理论的研究和实践积累了丰富的成果和经验。美国的高校管理已经具备专业化水平，并且有属于自己的一套管理模式，通过学校管理与学生合作的方式发展学生的全面素质，制定策略鼓励学生以各种形式参与到高校管理当中，秉承一切为了学生、为了学生发展的理念。

社会心理学理论是研究个体和群体的社会心理、社会行为及其发展规律的科学。其核心在于理解个体在不同生命阶段面临的特定发展任务及其与环境因素的交互作用。埃里克森的心理社会发展理论奠定了这一理论基础，他指出发展过程具有明显的阶段性和递进性特征：每个发展阶段都蕴含着独特的发展主题和质的变化，且前一阶段任务的完成为后一阶段发展奠定基础，形成从简单到复杂的演进规律。值得注意的是，个体发展呈现出显著的差异性，包括发展速度的异步性和发展路径的多样性，这种差异主要源于文化背景和环境因素的影响。齐克林的实证研究进一步深化了这一理论，他提出了大学生发展的七大核心要素是专业能力发展、情绪调节能力、自我管理能力、身份认同建构、人际关系发展、成长目标设定和自我完善机制。这些要素相互关联、相互促进，共同构成螺旋上升的发展体系。在教育实践中，该理论要求管理者准确把握学生所处发展阶段，尊重个体发展差异，通过提供适切的发展支持和创设有利的发展环境，促进大学生的全面成长。这一理论体系为高校学生管理工作提供了重要的理论依据和实践指导，强调在理解发展规律的基础上实施个性化教育，帮助学生在关键发展期获得必要的成长支持，最终实现综合素质的全面提升。

认知发展理论从思维演进的角度阐释了学生成长的内在机制。该理论源自皮亚杰的认知心理学研究，强调环境刺激对智力发展的关键作用，其核心观点认为个体通过与环境互动不断重构认知结构，实现思维能力的层级跃迁。不同于传统的年龄阶段划分，该理论更关注认知水平的质性变化过程。在高等教育领域，帕瑞提出了四阶段智力发展模型（二元论→多样性→相对性→责任性），为理解大学生思维方式的转变提供了重要参照；科尔伯格则构建了包含三个水平六个阶段的道德发展理论，他指出道德判断从个人利益导向逐步发展为基于社会公正原则的演进规律。当代研究进一步深化了认知发展的性别差异研究，揭示了不同性别学生在认知风格和道德判断上的差异性特征，为实施个性化教育提供了理论依据。这些研究成果共同构成了指导教育实践的科学认知发展观，其要求教育工作者准确把握学生的认知发展水平，创设适切的教育环境，促进其思维能力和道德判断力的协同发展。

类型学理论将人与人之间的不同看成某种相对固定的特点，为理解学生的多样性特征提供了重要视角。该理论体系认为，人格特质、学习偏好等个体特征具有相对稳定性，这些差异对教育过程产生深远影响。霍兰德的职业兴趣分类将人格类型与职业倾向相关联，迈尔斯一布里格斯类型指标（Myers-Briggs Type Indicator，MBTI）系统阐述了性格维度的差异表现，而库伯则聚焦于学习风格的分类研究。虽然这类理论在认知机制解释方面存在局限，但其价值在于揭示了先天禀赋对个体发展轨迹的塑造作用。教育实践表明，不同特质的学生在情感表达、学习策略和社会互动等方面各具特色，这些差异共同构成了丰富的群体生态。基于此，教育管理者应当重视学生个性特征评估，根据其兴趣倾向、性格特点和学习偏好设计差异化的培养方案，使教育活动更好地契合学生的发展需求，实现因材施教的教育目标。这一理论视角为个性化教育的实施提供了重要的理论基础和实践指引。

人与环境互动理论描述的是环境与学生个体之间的相互作用，强调教育机构需要构建支持性成长环境，同时激发学生的主体参与意识。该理论框架下，丁托的辍学模型剖析了环境适应不良导致学业中断的机制，阿斯汀的投入一产出模式则系统阐述了院校环境对学生发展的影响路径。这一理论对教育管理实践具有重要启示：首先，院校应当优化物理环境和人文氛围，提供多样化的发展机会；其次，要建立个性化的支持体系，针对不同学生特点设计发展方案；再次，需要开发科学的评估工具，动态监测环境干预效果。教育工作者通过运用该理论，能够更有效地创设促进学生全面发展的生态系统，帮助学生在与环境良性互动中实现成长目标。这一理论视角为现代学生发展支持体系的构建提供了重要的理论基础。

学生发展理论体系为教育工作者提供了系统性的指导框架，帮助教育工作者科学把握大学生成长规律。这一理论体系涵盖多维度的研究视角，包括个体一环境互动理论、社会心理发展理论、认知价值发展理论等，为理解学生的专业成长、心理适应、社会融入等发展需求提供了理论基础。该理论强调，大学生的成长过程具有主体性和建构性特征，需要培养其探索精神、抗压能力和自我规划意识。教育实践表明，有效的发展指导应当关注学生的整体性发展，包括专业素养培育、心理健康促进、社会能力培养、品德修养提升等多个维度。教育工作者的关键作用在于帮助学生建立清晰的发展目标，培养其自我管理能力，使其在应对挑战的过程中实现全面成长。这一理论体系为高校构建科学的学生发展支持系统提供了重要的理论依据和实践指引。

需要进一步指出的是，学生、教师、校长构成了大学这个大家庭，学生的发展并非只是学生本身的问题，家长、教师、学校、社会等也必然会参与到学生培养的系统当中。一个学生将来的发展会怎样，与教他的教师有一定关系。因为作为教书育人的教师，他的一言一行都会影响班上的每个同学，所以高校学生管理工作法治化在很大程度上是对教师主体的权力约束和监督。

二、目标管理理论

目标管理理论由管理学大师德鲁克于1954年在《管理实践》中首次系统阐述。这一理论的提出源于工业化进程中企业规模扩大带来的管理困境：随着专业化分工的细化，组织协调性问题日益凸显。德鲁克创新性地提出以目标为导向的管理模式，通过将组织目标与个人需求相结合，既保持管理的科学性，又重视人的主观能动性。其核心在于用目标引导代替过程控制，通过建立目标体系激发员工的内在动力，这一理念对现代管理实践产生了深远影响。

当前高等教育领域面临诸多变革挑战：招生就业制度改革、教学模式创新、学生特征变化及信息技术发展等新形势，都对传统学生管理模式提出了转型要求。借鉴目标管理理念，高校学生管理信息化建设应当把握两个关键：一是突出主体参与，让学生和基层管理者共同参与目标制定；二是构建目标网络，将总体目标科学分解为各部门子目标，形成协同推进机制。这种管理模式既能适应信息化时代的管理需求，又能充分发挥各主体的积极性，实现管理效能的整体提升。

三、人本主义理论

（一）人本主义理论概述

人本主义通常是指人本学唯物主义，是一种把人生物化的形而上学唯物主义学说，以 19 世纪德国的费尔巴哈和俄国的车尔尼雪夫斯基为代表。人本主义思想的发展经历了两个重要阶段。第一阶段以 19 世纪费尔巴哈和车尔尼雪夫斯基的学说为代表，他们从生物学角度理解人的本质，强调人的自然属性，但忽视了人的社会性特征。这种唯物主义的人本观虽然批判了灵魂与肉体分离的唯心主义观点，却未能认识到社会实践对人的塑造作用。

现代西方人本主义哲学呈现出多元化发展态势，从叔本华、尼采的意志哲学，到存在主义和法兰克福学派，形成了强调非理性因素的思想谱系。值得注意的是，资本主义语境下的人本主义管理理论，如泰罗制等，本质上是通过优化人力资源配置来提高生产效率的，其最终目的仍是资本增值。与之形成鲜明对比的是，马克思主义的人本思想以人的全面发展为根本目标，强调解放人的创造性潜能，体现了执政为民的价值追求。这种区别深刻反映了不同社会制度下对人的本质理解的本质差异。我们强调在经济社会发展和管理中以人为本，并不仅仅是为了调动人的积极性，更重要的是为了解放人、发展人，最终目的是实现人的自由而全面的发展。

（二）人本主义理论的要点

人本主义理论广泛吸收了教育学、管理学、心理学等学科知识，综合运用社会调查、典型试验和个案分析等科学方法，将管理从原来的以“事”为中心的管理发展到以“人”为中心的管理，由原来的“监督”管理发展到“人性激发”管理，由原来的“独裁式”管理发展到“民主式”管理，由原来对“纪律”的研究发展到对“行为”的分析，这在很大程度上促进和发展了高校学生管理。从教育学、管理学和心理学三个方面来看人本主义理论强调的要点，主要包括以下内容。

第一，从教育学的视角来看，人本主义理论提倡教人、做人、成人的教育，主要培养自我展现或发挥其作用的人；主张将情、智教育融为一体；把学生视为学习的主体；主张进行教学课程改革，实施意义学习和经验学习。

第二，从管理学的视角来看，管理的主体是人的心灵；第二个管理对象兼有人和物，但管理的内容取决于人们的管理，归根到底是人的管理，所以管理的对象主要是人的问题。人本管理的内涵可以概括为尊重人、发展人、依赖人：重点是基于人类，以人为前提；目的是以人为本，尊重人、依靠人、发展人的价值理念。

第三，从心理学的视角来看，人本主义和其他学派最大的不同是，它特别强调人的正面本质和价值，而非专注于研究问题行为。

人本主义理论肯定人的价值、尊重人的个性、强调人的感受，它主要是指以人为中心的管理理论，是在行为科学的基础上的人群关系组织理论和管理理论。人本主义理论的精神是从人的本性出发，以人为中心，以发展人的积极性为目的，强调人的主动性和创造性，重视人的主体地位和作用。

人本主义的基本思想观念：人本主义哲学主要是对人性的假设；人的本性是善的，并且认为人是非常伟大的；人本应享有人生的快乐；人应该把握自己的命运；人具有创造性能力、自主性能力，人的发展是积极主动的。

（三）人本主义理论的应用

人本主义理论在高校学生管理中的应用十分广泛，为了更好地阐述和理解人本主义理论，本书主要梳理了人本主义的管理观、师生观、学习观、教学评价模式、心理治疗五个方面，以便有重点地把握人本主义理论在高校学生管理当中的具体实践。

人本主义管理观认为，持续有序的管理必须以尊重人格为前提，主要表现在高校学生管理主要是对学生生活和学习的管理，不掺杂其他成分和内容，管理中应当相互尊重，管理过程中要加强学生与教师、管理者之间的沟通；逐步建立柔性管理体系，培养学生的自我管理能力、自我改善能力，同时要求高校的管理者和教师要充分尊重人的价值和发展；要确立学生的主体地位，这不能仅停留在口号和宣传标语上，而是要内化到管理者和教育工作者的整体素质当中，外化到行为当中，同时也要写进高校学生管理制度和政策规定当中。

在传统的师生关系中，教师是学习的指导者，学生是教学内容的接收者。人本主义教育理论对传统师生关系进行了革命性重构，确立了以学习者为中心的新型互动模式。在这一范式中，教师的角色从知识传授者转变为学习促进者，其核心职能在于创设支持性学习环境，激发学生的内在学习动机。教师作为学习伙伴，通过建立平等、真诚的师生关系，帮助学生实现自主探索和意义建构。这种关系转变体现了对学生主体性的充分尊重，使教育过程成为师生共同成长的旅程。

人本主义教育理论的学习观把学习分为两类：一类近似于心理学上的无意义学习；另一类为意义学习。该理论提出了具有革新意义的学习分类体系，特别强调意义学习的重要价值。与机械式的知识积累不同，意义学习是能够引发学生认知结构、情感态度和行为方式整体性转变的深度学习过程。这种学习强调个体经验与知识的有机融合，要求学生在认知、情感和行为等多个维度全身心投入。其根本目的在于培养学生的自主探究能力，促进其创造性思维和独立人格的发展，最终实现学习者的自我实现。

基于完整人格发展的理念，人本主义教育理论构建了独具特色的评价体系。这一体系突破了传统以考试为核心的外部评价模式，倡导以促进学生自我认知和发展为导向的自主评价机制。通过引导学生参与评价标准的制定和实施过程，培养其自我反思和自我调节能力，使评价成为促进学生持续改进和全面发展的重要工具。这种评价方式不仅关注学习结果，更重视学习过程中的个体成长和价值建构。

人本主义理论对高校心理健康工作具有重要指导价值。罗杰斯的来访者中心疗法强调三个核心要素：共情理解、无条件积极关注和真诚一致，这种咨询理念能有效帮助心理困扰学生实现自我成长。马斯洛提出的人的需要理论系统阐释了人类行为的动力机制，将人的需要划分为五个等级：生理的需要、安全的需要、归属与爱的需要、尊重的需要和自我实现的需要。值得注意的是，前四类需要属于缺失性需要，而自我实现则是人类特有的成长性需要，体现了人本主义理论对人性潜能的充分肯定。这些理论为高校心理咨询工作提供了重要的理论基础，指导教育工作者在尊重学生个体差异的前提下，帮助其实现心理健康的全面发展。

综上所述，人本主义是一门以“人”为本的哲学。它强调人类自身权利、尊严和价值的不可侵犯性；维护人类对自我发展、自由与善的追求；尊重人类的自主性与能动性。人本主义教育理论强调以学生为主，关注学生的内心生活，学生的内在尊严、权利和价值；人本主义心理理论强调以人为本，同时也维护人类的自我发展与自由。

四、人力资本理论

人力资本理论的奠基者舒尔茨在1960年提出的创新性观点，彻底改变了传统经济增长理论的认识框架。他系统论证了劳动者的知识水平、专业技能和健康素质等要素构成的人力资本，是现代经济增长的核心驱动力。这一理论突破了传统生产要素理论的局限，揭示了教育投资对提升劳动生产率的关键作用，指出高素质人才是推动经济持续发展的根本保障。舒尔茨特别强调，忽视人的能力提升将严重制约经济发展潜力。

在高等教育管理领域，人力资本理论为人才培养提供了重要启示。现代高校管理应当以促进人的全面发展为根本宗旨，通过优化知识传授、技能培养和创新实践等环节，充分激发学生的潜能。这种管理模式强调在尊重个体差异的基础上，引导学生实现自我管理和自我发展，最终达成个人价值与社会价值的统一。其核心在于构建有利于人才成长的支持性环境，使受教育者不仅获得专业能力，更能实现包括主体意识、创造精神在内的综合素质提升。

五、过程型激励理论

激励理论的发展历程反映了管理学与经济学在人性假设上的本质差异。行为科学学派基于对人的内在动机的研究，在20世纪30年代后发展出系统的激励理论体系，这些理论经历了从关注激励内容到探索激励过程的演进。其中弗鲁姆的期望理论作为典型的过程型激励理论，提出了“激励强度＝目标效价×期望概率”的核心公式，强调只有当行为目标既具有个人价值又具备实现可能时，才能产生有效的激励作用。这一理论为理解人类行为决策提供了重要的分析框架。

现代管理实践需要整合不同学科的激励理论视角。经济学倾向于通过外部诱因设计激励机制，而管理学更关注内在动机的激发。这种理论分野导致长期以来两种激励模式处于割裂状态。实际上，有效的激励系统应当兼顾内外因素的协同作用：既要设计具有适当挑战性的目标以激发潜能，又要确保目标实现路径的清晰可行，同时还要使目标本身与个人价值追求相契合。这种整合视角为高校学生管理中的激励机制设计提供了更全面的理论基础。

第二章

高校学生管理模式的创新

第一节　高校学生管理模式的构建

构建高校学生管理模式是一项系统工程，各高校需根据自身特点，不断改进和完善学生管理模式，以适应社会经济和高等教育发展的需要。

一、人格化管理模式

（一）人格化管理模式的基本定义

所谓人格化管理模式就是在管理过程中充分注意人性要素，以充分挖掘人的潜能为己任的管理模式。

人格化管理是一种“以人为本”的管理方法，它的实质在于充分尊重和理解被管理者的个性和创造才能，充分调动他们的主动性、积极性、创造性，并使其更好地投入工作中，更有效地实现组织目的。至于其具体内容，可以包含很多要素，如对人的尊重、充分的激励、给人提供各种成长与发展机会等。

（二）人格化管理模式的重要意义

综合各国对新时期人才的要求，我们可以发现，现代的人才需要更多的能力和较高的素质，肩负着更多的使命。例如，要具备强烈的社会责任感，要树立明确可行的生活目标，要具有学习能力、创新能力及不断适应时代需求的能力等。上述一系列能力的培养都需要一种现代的、注重学生内涵培养的管理模式。人格化管理模式注重对大学生内涵的培养，巩固、发扬已形成的良好的内涵，革除不好的甚至是劣质的品质，这对于大学生的成长和大学文化的繁荣都有重要意义。

（三）学校人格化管理的具体实施

学校人格化的管理工作要从以下三个方面实施：一是强化规章制度的管理；二是确保具有良好的学习环境和学习氛围；三是形成良好的精神风貌。学校人格化管理属于学生管理的高级层面，掌握着整体的动态，起着统筹、规划、指导的宏观作用。

（四）班级、宿舍人格化管理的具体实施

班级、宿舍作为学校管理的基层单位，起着非常重要的基础作用。基层人格化管理要从以下三个方面努力。

1. 教师、辅导员等教育工作者发挥人格魅力

对于学生尤其是新生而言，教师、辅导员等教育工作者代表着权威，在他们心中占据着特殊的地位。学生对他们崇拜的教师、辅导员会特别尊敬并存在模仿的现象。辅导员是班级人格化管理的组织者、策划者、调控者和实施者，教师则是管理最主要的辅助者，这两者在班级人格化管理中发挥着重要作用。因此，辅导员要树立良好的工作态度、生活态度和办事作风，以便更好地感染学生；教师要有严谨的治学态度，感染学生树立良好的学习态度和工作态度。教师和辅导员要给学生树立榜样，促使班级人格化管理向良好的方向发展。

2. 个别学生发挥人格力量

在一个班级中，总会有在领导方面有突出能力的学生，这些学生的人格力量影响着班级人格化管理。他们人格力量的发挥会引导、带动其他学生，从而对班级人格化管理起到调动作用。但人格力量又有积极、消极之分，积极的人格力量会对班级和其他学生起积极作用；反之，会带来消极的影响。因此，学生人格力量的发挥需要辅导员的控制，辅导员要把握尺度，引导、鼓励积极人格力量的传播，化解消极人格力量带来的不良影响。

3. 宿舍人格化管理要注重细节

辅导员要选择那些热心、负责任、宽容大度、积极为同学办事的学生担任宿舍管理员，借助他们的能力管理宿舍，用他们的行动感染宿舍的其他学生；还要建立良好的宿舍环境，搞好宿舍卫生，形成和谐的舍友关系，创建多彩的宿舍文化等。宿舍人格化管理的形成为其他方面的人格化管理奠定了基础，为学生的生活创造了良好的环境。

二、制度化管理模式

（一）高校的制度化管理模式概述

任何组织或团体在开展工作时均需要借助一定的制度进行管理和指导。缺乏制度化的管理是导致企业、单位或其他组织产生管理混乱的根源。制度化的高校学生管理与制度化的企业管理存在一定的相似性，并涵盖以下内容。

1. 管理规章制度

首先，高校学生管理的制度化需要设立科学、有效的管理规章制度，学生的管理工作必须基于一种合法的制度开展，并严格履行规章制度中的有关内容。其次，高校学生管理的制度化需要充分考虑学生的具体需求，制度的建立要有助于实现高校学生的自我价值。

2. 严格地执行制度

在高校学生管理的相关制度制定完成以后，高校需要严格执行。若仅以制度制定为目标而不落实到执行层，则高校学生管理的制度化就是表面功夫，只能成为空谈。

（二）高校的制度化管理及其局限性

首先，什么是制度化管理？制度化管理是指以科学的规章制度对人们的行为进行管束的机制。它主要依靠外在的科学理性来进行管理。制度化管理是在机器生产时代产生的，在高校的制度化管理中，学校制定了严密的规章制度以约束学生的行为，让学生减少了思想行为的散漫性、无纪律性，从而营造了一种公开透明的环境，这可以保证课堂教学的有序进行。

其次，制度化管理是以教学为核心的。它倾向于把课堂的教学过程设计成一架精密的机器，在管理的过程中，只讲究理性和秩序，而很少考虑人的因素，因此它存在着很明显的局限性。第一，高校的制度化管理，是一种冷冰冰的建立在“外物”上面的管理体系，它通过一整套的规章制度规定限制了学生的思想和行为，从而削弱了学生学习的积极主动性。第二，每个学生都是独一无二的个体，尤其是大学生们朝气蓬勃、个性明显，然而在制度化的管理中，制度的“刚”性忽略了每个学生不同的个性需求，致使学生的个性得不到应有的尊重。原本管理就应该因时、因地、因人而采用比较灵活的方法，但如果采用制度化管理就很难做到这一点。

最后，制度化管理一定程度上束缚了当代学生的思维，限制了学生的创新精神。

（三）高校人性化管理的实质及弱点

什么是人性化管理？人性化管理强调在高校的管理中把人这一要素放在第一位，学校一切的管理活动应该围绕着调动人的积极性、创造性展开。教师在教学授课的过程中应该尊重学生、爱护学生，让学生的潜能最大限度地发挥。

美国著名心理学家马斯洛认为，人类有五种层次的需要：生理的需要、安全的需要、归属与爱的需要、尊重的需要和自我实现的需要。他认为作为一个文明人所追求的终极目标就是自身价值的实现。而人性化管理的理念也基于此。但是，我国一些高校的管理者在管理过程中孤立片面地理解了这一概念，从而使学生缺少了制度的约束，这样就暴露了人性中的一些弱点，如懒惰、自私、虚荣等。基于这种现象，应该把制度化管理和人性化管理有机结合起来，确保学生健康成长。

（四）制度化模式和人性化模式结合的管理

制度是维系高校学生正常地生活、学习的基本规范，理解制度化管理和人性化管理要注意两个方面：一是制度对所有学生都一视同仁，所有学生都要遵守学校的规章制度；二是在学校制度的严格要求下，对学生的基本权利有一定的保障作用，对学生的积极创造性有激励作用，也就是说学生的权利要靠制度来保障。制度的两大功能就是建立在对人性优点和弱点的把握之上的。一方面，它保障了人性中优点的发扬；另一方面，它约束着人性中弱点的泛滥。通常情况下，学生更在意制度的约束管教功能而忽略了制度的保障保护功能。这也不难理解，因为制度的外在表现形式就是硬性约束，而因约束得以保障的那些内容不容易被察觉，这也是学生常常认为学校的制度化管理缺乏人情味的主要原因。

高校在制定学校的相关管理制度时应该向全校教职员工征求意见，在制定制度的过程中，学校领导应呼吁广大教职员工积极参与，以确保制度制定后能代表广大师生的意愿，更好地服务于教育教学活动。具体表现在，在学校重大的制度制定之前，负责该事项的校领导干部应先征求师生意见，而后收集整理，再拟定制度的草稿，随后在教职工大会上展开充分的讨论，最后根据讨论的结果对草案进行修改整理。这样制定出来的制度才容易得到教职员工的认可，也体现了学校的人性化管理，让制度化和人性化管理很好地结合在了一起。

正如再好的千里马如果没有遇见伯乐，也将被埋没在众多资质平庸的马之中一样，如果一套科学合理的管理制度，在贯彻执行中出现了偏差，也就不能发挥它原本具有的很好的作用。

针对我国现阶段学校管理中存在的制度执行力较弱的现象，我们要拿起人性化管理这个武器。在管理过程中，管理者要做到以身作则，严格要求自己，其身正，不令而行；其身不正，虽令不从。学高为师，身正为范，学生看到了教师的一言一行之后，自然会追随教师的脚步，也向美好的方向发展。

综上所述，制度化管理与人性化管理并不是互相对立的，二者是相辅相成的。在高校管理实践中，制度化管理和人性化管理互相配合，更有利于为学生创造一个良好的外部环境。而21世纪，人才是最重要的生产力，只有把制度化管理和人性化管理高效和谐地统一起来，才能为我国的现代化建设培养出更优秀的人才。人性化管理的实质就是更高层次的制度化管理。只有在坚持人性化管理原则的前提下，进行严格的制度化管理才能取得良好的效果。制度化和人性化在高校的管理过程中是一对既对立又统一的结合体，制度化有一定的刚性，而人性化有一定的柔性，俗话说得好：太刚则折，太柔则卷。在高校的管理上，应该刚柔并济，如此方能取得满意的成果。

（五）制度化模式与人性化模式融合的发展路径

1. 公平、公正地执行制度

相关制度的实施需要确保其公平、公正，公平、公正地实施学生管理制度不但可以确保制度的有效实施，还体现了学生管理制度的人性化。因此，只有确保学生管理制度公平、公正地实施，才能充分保障学生的合法权益，同时该部分也是人性化管理的集中体现。因此，想要有效地实现学生管理的制度化和人性化的融合，需要将公平、公正地执行制度作为首要条件，以此来确保制度的有效实施。

2. 合理地建立管理机制

在高校的实际工作中，想要真正意义上实现学生管理的制度化和人性化的融合，需要在制度建立的前期进行铺垫。高校在制定学生管理制度时，可以有意地将人性化关怀融入制度之中。因此，高校想要有效地实施学生管理制度，就需要建立完善的制度化和人性化管理机制，它们是学生管理制度能够健康持续发展的基础。

三、温情化管理模式

（一）温情化管理的理念

学生管理工作者的管理理念对一个学生来说是非常重要的。班主任要树立正确的班级管理理念，坚持以学生为本，在学生面前树立师者风范，但同时又要和学生结为朋友，拉近距离。在学生犯错的时候，不能一味严厉，要给予适当的宽容，在学生取得优异成绩的时候要毫不吝啬地给予鼓励和表扬。让温情的味道贯穿整个班级管理工作之中，让学生从班主任身上看到温情。

（二）温情化的管理模式

1. 亲情化是幸福的渊源

家庭是亲情的诞生地，刚刚进入大学的学生难免在这个阶段出现亲情缺失感，那么班主任在进行班级管理的时候，可以把家庭中的亲情观念融入管理之中，采用亲情化的管理模式。对待班里的学生像对待家人一样，不用一种旁观者的眼光看待学生的事情，而是当作自己家里人的事情去对待，让学生在班级中感受到家的温暖，感受到家人的亲情无处不在。同样，班主任也要引导学生树立班级是一个大家庭，同学之间是兄弟姐妹的概念，让亲情在整个班级中贯穿。

2. 友情化是幸福的扩展

友情化管理模式的第一步：班主任和学生结为朋友。这样班主任就可以知道学生现在的兴趣爱好，了解他们对不同事物的看法，探知他们的心里所想。友情化管理模式的第二步：引导学生树立正确的朋友观。班主任要让学生明白什么样的朋友才是真正的朋友，明确朋友的真谛所在。朋友是在你最无助的时候陪在你身边，在你不需要任何言语的时候默默给予你帮助的人，朋友会在意你的一切细微的变化。友情虽然不及亲情来得那么血浓于水，但也是温暖而长久的。一个人拥有真正的友情会感觉到非常幸福。

3. 温情化是幸福的内涵

温情是一种温顺体贴的情谊。温情式的管理模式主要是调动人的内在作用。班主任对于学生应该采取温情化管理模式。对待不同类型的学生都能做到亲切而温暖，让学生感受到班主任在班级一视同仁，没有任何的偏袒，非常公平、公正。这样，班主任在学生心目中的地位就会提高，从而让学生感到能够在这个班级，能够拥有这样的班主任非常幸福。

4. 随机化是幸福的催化剂

随机化的管理模式也就是在管理之中随意性比较强，没有任何规则可以遵循。这在班级管理之中体现为学生兴趣发展的随机化。班主任应该采取随机化的管理模式，对不同学生的兴趣爱好给予鼓励和支持，而不是在其之上强加一些东西，甚至要求统一化。学生在班级之中，能够把自己的兴趣爱好、特长表现出来，对于其本身也是一种鼓励，学生内心也会感到非常骄傲和自豪，幸福之感油然而生。

5. 制度化是幸福的方圆

制度化的管理模式就是按照已经制定好的规则来推动班级的管理。“不以规矩，不能成方圆。”做任何事情都要以一个规则或者是准则来要求自己、约束自己。班规对于一个班级来说是必不可少的，身为这个班级的一分子，遵守班级纪律是非常重要的。班级的管理，缺少不了亲情、友情、温情，甚至是随意性的管理，但都要以一定的规章制度为前提。要求大家在一定的方圆之内体会亲情、友情、温情的含义，做到随机性地发展自己的兴趣爱好。如果少了某些规矩，幸福似乎就少了一些章法。

（三）温情化的管理方法

1. 语言关怀

语言是一门非常深奥的学问，是一门艺术。在与人交流时，我们不仅要注意说话的内容，还要注意说话的语气。班主任在和学生进行交流的时候，要通过自己的语言，体现出对学生的关怀，多一些鼓励性的话语，少一些讽刺挖苦的言语；多一些赏识性的话语，少一些批评的言语；多一些尊重的话语，少一些霸道的言语；多一些关怀的话语，少一些蔑视的言语，给予学生充分的肯定，使学生感到力量和温暖。

2. 行为关怀

如果说语言是一门艺术，那么行为则是另外一门艺术。行为是脚踏实地地把想法展现给他人的媒介。班主任管理学生时的行为关怀形式多种多样。幸福说简单也简单，说难也很难。作为一名班主任，应从学生的幸福感需要出发，采取温情化的管理，提高学生的幸福指数，让难事变成易事，让易事变得更简单。

(四) 温情化管理模式的构建

1. 温情接触

新生入校，面对这个陌生而又期盼已久的环境，他们急需有一个能够接纳自己的人来缓解心中的兴奋和迷茫，作为班主任应第一时间出现在学生面前，欢迎他们的到来并送上真诚的祝福，陪同他们了解即将开始的大学生活，这样简单的接触就会使学生感受到被尊重、被理解、被关心。

2. 温情教导

大学生处于生理和心理逐步走向成熟的阶段，在这期间，面对着纷繁世界的诱惑，不可避免地会犯这样或那样的错误。作为班主任，对犯错误的学生，要从关心、爱护、帮助的角度出发，合理选择工作方法。

3. 温情关怀

(1) 从政治上关怀。帮助学生端正入党动机，创造条件鼓励和帮助他们早日入党，从而在政治上更快成长。

(2) 从学习上关怀。要注重培养学生良好的学习习惯，帮助其掌握正确的学习方法。对于一些因学习方法不当而成绩较差、考试不及格的学生，一方面鼓励其抓住下次补考的机会，另一方面要善于发现他们身上的特长，帮助他们改进学习方法，提高学习效率。

(3) 从生活上关怀。经常深入学生中去，了解他们在生活上有什么实际困难，并在力所能及的范围内帮助他们解决。有些学生因家庭经济困难，无力支付大学期间的学习及生活费用，这时作为班主任要认真了解国家、学校对贫困学生进行经济资助的各项政策，让每一个困难学生都能享受应有的资助，使学生以积极乐观的心态顺利完成学业。

(4) 从心理上关怀。有些学生在社会实践、就业择业过程中会遇到挫折，心理会承受巨大的压力，这时班主任要帮助学生克服内心深处的失落感、孤立感、无助感等。此外，作为班主任要学会进入学生的情感世界，引导他们树立正确的恋爱观和婚姻观。

4. 温情鼓励

高校学生正处于迅速成长、思想走向成熟的重要阶段，大学是锻炼各方面能力的最佳时期。然而目前高校学生在一定范围内还存在许多问题，如政治意识淡薄、组织纪律意识薄弱等，具体表现为对政治理论学习持回避或应付的态度，存在对国内外大事不闻不问的现象，这时作为班主任要运用激励性原则，帮助学生改变消极的情绪，用健康的心理状态去学习、生活。对待学生要多给予温情鼓励，不论多么细小的进步都要及时给予肯定，这样可以增强学生的自信心，促使他们更加勤奋地学习。此外，新入学的大学生热情高涨，容易迷失自我，对此班主任应掌握学生动态，适时引导，鼓励学生参加适合自己的团体活动与社会实践，提高学生的综合素质。总之，高校班主任工作是一项十分重要的管理工作，作为班主任要尽可能履行自己的职责，及时了解大学生的思想动态，不断探索班级管理的新模式，这样才能适应新形势下高等教育的需要，培养具有创新能力和实践能力的高素质人才。

第二节　不同类型高校学生管理模式的比较

高校学生管理模式是否科学规范且行之有效，不仅关系到高校教学活动、科学研究等各项工作的顺利开展，更关系到高校人才培养质量的高低。

一、研究型大学学生管理模式

（一）研究型大学概述

研究型大学是一个更专业、含义更确定、边界更清晰的专用名词。研究型大学教学质量对一个国家的尖端人才培养水平和综合创新能力具有重要作用。

1. 研究型大学的概念及内涵

（1）研究型大学的概念。研究型大学肇始于德国高等教育发展的特殊历史时期，以柏林大学的诞生为标志，代表了当时世界一流大学发展的最高水平。“尊重学术与研究自由”是柏林大学的精神主旨，“为科学而活”是其重要指导思想，这两者都体现了研究型大学的重要特质——将科学研究作为大学职能的重要组成部分。在美国卡内基教学促进基金会的高校分类中，研究型大学也一直是美国各类大学中学术水平最高、科研成果最多、以研究生培养为主的一种高校类型。这类大学处于大学系统的顶端，且与国家核心竞争力的培育紧密联系；它集中了最优秀的人才，代表着一个国家和地区科技和文化发展的最高水平，同时也隐含着高于同行的大学声望，对社会具有深远的影响。虽然当前学界对中国研究型大学的分类尚未提出一致的标准，但在实际工作中已经形成了对研究型大学事实上的分类，其中最典型的代表就是被列入前“211”和“985”工程的高校，以及目前的“双一流”建设高校。

什么是研究型大学？学者们有不同的看法和不同的描述，大致可分为三类：第一类是利用人们观念中对研究型大学的常识性判断或向往性设计，预设大家对研究型大学概念形成基本认识而直接进入相关观点的阐述，回避了对研究型大学概念的理性分析；第二类是通过列示研究型大学特征，采用描述性定义概念的方法，认为具有相应特征的大学即为研究型大学；第三类是借助评介国外研究型大学的特点或评价指标，对其中一些内容做了一定的改造，得出的演绎性的研究型大学概念。我们认同这些有关“研究型大学”概念的描述和把握，它们从不同角度反映了“研究型大学”的内涵，有助于我们深化、丰富对研究型大学概念的探索与认识。

综合上述观点，研究型大学是指以知识的生产、传播和应用为中心，以产出高水平的科研成果和培养高层次精英人才为目标，在社会发展、经济建设、科教进步和文化繁荣中发挥重要作用的大学。

（2）研究型大学的内涵。在国外研究成果和国内探索的基础上，根据逻辑学定义原则，我们认为在逻辑关系上，“研究型大学”的元概念是“大学”，大学是上位概念，研究型大学是从属于它的下位概念；从属种关系看，大学是研究型大学的属，研究型大学是大学的一个种。这样，只需在众所周知的大学概念域内对研究型大学的特殊本质进行分析，即可得出研究型大学的丰富内涵。我们可从以下三个层面来理解。

① 职能层面。研究型大学是“以知识的传播、生产和应用为中心”的大学。从大学刚诞生时的“教学型大学”，到洪堡“倡导大学也是研究高深

学问的机构”而创建柏林大学模式，再从中世纪的巴黎大学模式到范海斯“大学还是提供社会服务的部门”的新认识，大学依次衍生出教学、科研、服务的职能，大学也在三者的螺旋变奏中走向巨型、多元。作为大学一个种类的研究型大学自然具有这样的共性，然而简单移植已有的大学职能又不能很好地揭示研究型大学的特质，因为研究型大学每个职能的纵深度、各个职能联系的紧密度今非昔比，它扩充了作为一个知识共同体的效能。若在以往的大学职能上附加这些特质的说明，则必然烦琐而不符合规范。因此，将研究型大学归结为以知识为基点，以知识的传播、生产和应用为中心的大学。

② 性质层面。研究型大学是以产出高水平的科研成果和培养高层次精英人才为目标的大学。任何社会活动中的社会机构的特性，都明晰地表征于其所追求的目标之中，并以此引导、激励、规约自身的各种活动形式和行动方向。研究型大学也是如此，它的目标中蕴藏着自己的性质与价值，而尤以产出高水平的科研成果和培养高层次精英人才为宗旨，开展各类教育、科研、服务活动，力争产生对国家建设起支撑作用的研究成果，培养出具有高尚品德、创新精神、实践能力的人才。

③ 定位、水平或程度。研究型大学是在社会发展、经济建设、科教进步和文化繁荣中发挥重要作用的大学。与管理学中的人员能级对应原理相似，如果从生态哲学的视角出发，各个大学个体组成了大学生态圈，那么这一生态圈中的每一个“有机体”都各显其能，各得其所。其中研究型大学是在社会发展、经济建设、科教进步和文化繁荣中发挥重要作用的大学，因此其不同于发挥“一般”作用的大学；反过来说，研究型大学不是自封的，不经过努力而只具有一般作用的大学暂时不能成为研究型大学。把这种作用定在“重要”而非“重大”，一是“重大”可以理解为更重要，能够包容其中；二是给较多大学创造建设成研究型大学的可能性，因此无论在理论上还是实践上都预留适当的概念空间。如果将“一般”“重要”“重大”之间的关系结合起来看，那么研究型大学是既非唾手可得，又能可望可及的大学。

事实上，研究型大学是一个发展的概念，这是从研究型大学概念界定的“名”与实践运行的“实”之间的辩证关系来说的，后者是决定性的。随着后者的发展，如果要做到“名”“实”相符，那么前者要么被全新的概念所替代，要么被赋予新的含义。

2. 研究型大学的特征

虽然不同国家的研究型大学都表现出自己不同的品性，但一般认为，以下三个方面可构成研究型大学的基本特征。

（1）高品位的师资和高质量的学生生源。研究型大学聚集了一流的学术人才，拥有高质量的师资队伍，在学校的特色学科和专业领域中有大师级学术带头人，在推动本学科发展上的作用和潜力巨大。教师、研究人员具有良好的敬业精神和职业道德。

研究型大学注重吸引本国乃至世界范围内最优秀的学生来校就读，一般填报志愿、申请就读的学生很多，但入学考核非常严格，录取率低，一旦录取则又可享受优厚的待遇。

（2）充足的科研经费和高层次的科研成果。研究型大学一般都有充裕的科研经费，经费渠道有国家拨款、竞争而来的科研资金、社会捐赠、自身服务所得、学费等。学校有足够的财力支持杰出科学家及优秀学生的发展。

研究型大学的科研、教学服务支持体系健全，从事教学和科研的人员与支持人员紧密配合、相互支持。在大学的所有设施中，图书馆和实验室是最重要的，研究型大学的图书馆和实验室是非常完善的。研究型大学是把“研究”置于较高地位的大学。一般来说，研究型大学承担国家级重大研究课题的能力强，科研工作中创新能力强，各主要学科的研究处于本学科、本专业的前沿，研究成果显著，并有力地推动了科学技术成果向现实生产力的转化。

（3）通过科学研究培养高水平的人才。研究型大学一般通过不同领域相应的科学研究，培养具有创造性的“复合能力”，具有提出问题、分析研究问题、解决问题能力的精英人才。从人才培养的角度看，研究型大学承担着培养政治、经济、文化、科技等领域领袖的重任。

综合上述标准，我国的研究型大学至少应具备以下特征：将科学研究置于学校战略发展的中心地位，是引领大部分学术领域或学科发展的主要阵地；主要以培养社会精英和学术型人才为目的，具有博士学位授予权且学科门类齐全；与其他高校相比，经费筹措能力较强，通常拥有更多的政府优先配置的资源；是当前最有可能冲击世界一流或高水平大学目标的高校。

（二）研究型大学学生管理模式的内涵

研究型大学是以知识的传播、生产和应用为中心，以产出高水平的科研成果和培养高层次精英人才为目标，在社会发展、经济建设、科教进步、文化繁荣中发挥重要作用的大学。研究型大学学术氛围浓厚，学科布局科学，学科种类较为齐全；专业设置上紧跟世界前沿发展趋势，以学科组群发展为导向；学校软件和硬件实力强，有充足的科研实验场所和设备，教师知识结构合理、教学科研能力强；生源质量好，学生综合素质高，有较强的学习能力、适应能力。这些与研究型大学自身具备的创新性的时代特征、国际化的发展趋势、多元化的校园文化等特点是相吻合的。

因此，在学生管理模式选择上，研究型大学往往选择目标管理模式，即有明确的学生管理目标，注重管理，突出服务职能，寓学生教育管理于服务之中，能较好地将学校人才培养目标和学生的个人发展目标有机结合。

（三）研究型大学学生管理模式的构建

1. 组织结构——矩阵式

根据研究型大学的内涵和特征，研究型大学学生管理的组织结构适宜采用柔性化的矩阵式组织结构，这种结构能够发挥研究型大学学生团队中每个人的聪明才智。

在这种纵横交错的矩阵式组织结构中，团队既可以采用合作方式，也可以采用分工方式。这样的组织结构能够体现出管理的集权化与分权化。在这样的组织结构中，组织成员（包括教师和学生）的创造性得到了有效激发。同时，这样的组织结构为高校学生管理提供了良好的组织环境。

2. 导师制

导师制实际上是实行通识教育与个性教育相结合的精英式管理。研究型大学的目标就是培养具有创新精神、科研能力的学生，相对于其他类型高校辅导员的管理作用，研究型大学更注重导师的指导价值。导师制是指在高校学生管理中，让每位导师指导 3～5 名学生，在导师与学生之间建立起“师徒”关系，导师负责对学生的政治思想、业务学习、生活、心理等方面进行指导。导师制是教育学生、管理学生和培养高层次人才的一种有效制度，它在充分尊重学生个体主体性和差异性的基础上，实现了教书与育人的有机结合，优化了学生素质结构，促进了学生的全面发展，符合高等教育和人才培养的客观规律。可以使用以下具体做法。

（1）在导师的选择上，“学术造诣”是最基本的条件，既然本科生导师定位于指导学生的专业学习及学术研究，导师本人必须在本专业领域有所专长，能够给予学生实实在在的专业指导，帮助学生扩展与深化所学的专业知识；工作时间上，导师必须每周能够留出一定的时间与学生一起进行有主题的活动。这样做，一方面，可以随时了解学生的思想动态，及时解决学生在学习和生活中面临的问题；另一方面，可以增加学生对导师的信任，有问题愿意向导师咨询。另外，多数高校由于师资不足，青年教师也要担任本科生的导师。青年教师在专业知识、生活阅历和社会交往等方面与老教师相比还有一定的差距，这是短期内无法弥补的，但良好的工作态度、责任心可以在一定程度上弥补这方面的不足。

（2）在时间的选择上，可以安排学生在大一的下学期或大二的上学期选择导师。

（3）导师的定位问题。导师应在下课之余帮助学生系统地规划大学的学习与生活。导师通过与所指导的学生进行深入的沟通，了解学生的长短处、大学期间的打算和将来的就业方向，并在此基础上帮助学生系统地制订大学学习和生活计划。这样做，既可以使学生的学习有针对性，又可以避免学生走弯路，帮助学生充分利用大学时光，丰富专业知识和提高个人素质。在学习过程中，导师可以提出一些问题和思路，引导学生去思考，并由学生进行试验或调查研究来得出结论，或者跟随导师赴实习基地接触生产实际，应用理论解决生产问题，将理论知识和实际问题结合起来。

（四）研究型大学学生管理模式的特点

1. 注重学生的全面发展

研究型大学重视对学生综合素质的培养。研究型大学学科种类较为齐全，借助其自身的平台和资源，学生除了接触专业知识外，还能通过选修课、讲座等方式较为容易地接触到哲学、社会学、自然科学等相关知识，这十分有利于学生知识结构体系的完善。此外，丰富多彩的第二课堂活动、数量繁多的学生兴趣类社团、主题鲜明的社会实践活动等，都为学生提升综合素质、实现全面发展提供了很好的平台。

研究型大学除对学生进行专业培训外，还为学生提供摄取多方面知识的机会，使学生既有专业知识又有社会学、哲学、自然科学等学科的常识，协助学生在蜕变中发挥潜能，使学生成为处世成熟、关心社会、对社会有贡献的知识分子和专业人才。

2. 忽视了耐挫折能力的培养

研究型大学学生管理模式虽然注重学生的全面发展，也能够培养学生的科学研究能力，但是对学生耐挫折能力的培养有待提升。研究型大学的学生入学前学习成绩大多名列前茅，是家长眼中的好孩子、老师眼中的尖子生、同学中间的佼佼者。他们的人生经历往往一帆风顺，几乎没有碰到过什么挫折。但考入大学后，他们身边的同学都是成绩优秀者，竞争相对激烈，难免导致部分学生的成绩出现较大波动。这个时候这类学生就会出现较大的心理落差，有些心理素质较差的学生会产生失落的情绪，进而影响学习状态。若此时不能及时调整，久而久之就会陷入恶性循环。更有甚者，因一些不良情绪的影响，出现了一些极端事件。由此可见，研究型大学在日常的学生教育管理过程中或多或少忽视了对学生耐挫折能力的培养，因此应在平时的管理过程中，加入更多的心理健康教育活动，帮助学生正确地看待问题，提高自我调节能力，增强与人和谐相处和耐挫折的能力。

二、教学型大学学生管理模式

（一）教学型大学概述

1. 教学型大学的概念及内涵

教学型大学是指以本科教育为主体的全日制大学。它以招收本科层次的学生为主，主要履行人才培养和教育教学研究的职能，致力于培养高水平技能型人才（高级专门人才）和高级研究型后备人才，拥有学士学位授予权和少量的硕士学位授予权，可招收一定数量的专科生。

走以教学带科研、以科研促教学、以服务促教学之路是教学型大学的内涵。地方院校多数属于教学型大学，这类院校以培养本科生为主，以教学为主要任务，以服务地方经济建设为主要方向。为此，教学型大学应科学定位，把握自身的优势与不足，在教学服务和社会服务上下功夫，努力提升教学水平和服务能力，走以教学带科研、以科研促教学、以服务促教学的发展之路。

教学型大学的根本任务是培养人，培养服务于区域经济建设的各种人才。因此要坚持以人为本的原则，坚持人才培养质量第一的原则。在教育教学过程中注意培养学生的法治观念、民主公平意识、诚信友爱信念、开拓创新意识及人与自然和谐共处的理念，使大学生具有良好的人文意识、高尚的人生追求、熟练的专业技能、科学的创新精神，成为和谐社会中德才兼备的建设者和开拓者。

在重视与加强人才培养和保障教学质量的同时，教学型大学应以提高民族创新能力为己任，积极推进教育思想创新、教育目标创新、教育制度创新、教育管理创新和教育内容创新，以区域经济建设为中心，辐射全国；还要加强自身的建设和发展，提升服务能力和服务质量，努力促进区域经济持续快速健康发展。

2. 教学型大学的特征

(1) 以本科教育为主体。我国的教学型大学主要以招收本科层次的学生为主，旨在培养具有本科学历的高级专门人才和高级研究型后备人才，拥有学士学位授予权，有的学校也拥有少量的硕士学位授权点，有的还招收一定数量的专科生。但硕士研究生和专科生人数在学校学生总数中所占比重较低。

(2) 主要承担高等教育大众化的任务。教学型大学本身更多地是承担一种高等教育大众化的职能。相比之下可以说，教学型大学应是中国实现高等教育大众化的主力军。

(3) 社会适应性强。一方面，教学型大学应立足于教学，培养大量的高级专门人才，以适应社会对各类人才的需要；另一方面，教学型大学应通过传播知识和应用知识为社会服务，利用地域优势，把科研成果转化为现实生产力，为地方经济发展提供巨大动力，以适应地区经济、社会发展的需要。同时，教学型大学也在为社会发展服务的过程中，不断从社会获得促进学校发展的动力和活力。

(4) 重视复合型人才的培养。重视复合型人才的培养是教学型大学的重要特征之一。教学型大学的服务大多面向当地的经济建设，其科学研究必然是应用性的，不是某一学科所能够包含的，而是跨学科合作和多学科的联合。科学教育与人文教育并重，已经成为我国教学型大学进行复合型人才培养的共识。

虽然教学型大学的社会适应性强，培养的也都是复合型的应用型人才，但是我国高等教育在近些年的发展中，已基本形成多元化的高等教育结构体系。总体来讲，它具有四种生态圈：第一种，由教育部主管的高水平大学组成的高等教育生态圈；第二种，由省、自治区、直辖市管辖的重点大学组成的高等教育生态圈；第三种，由省、自治区、直辖市管辖的一般院校组成的高等教育生态圈；第四种，由高职高专院校组成的高等教育生态圈。前两种生态圈主要由研究型大学和教学研究型大学组成，其生态圈内的大学综合实力较强，占据着主导地位。第三种生态圈在数量上占绝对优势，此生态圈内的院校属于教学型大学，以本科教学为主，兼顾科研，是推动高等教育大众化的重要力量。这一生态圈内的教学型大学是本书的主要研究对象。

可以看出，我国的教学型大学从行政管辖的角度来说，基本属于地方院校，它们在目前的发展中面临着较大的困难。首先，在高等教育质量危机中，教学型大学面临更多的质疑。在我国高等教育的金字塔结构中，教学型大学处于底部，处于不够受重视的地位。尤其是在现今的高等教育财政体制下，教学型大学在国家提供的财政经费方面与研究型大学和教学研究型大学的差距较大。就单个的教学型大学而言，大学之间不仅办学经费差异大，而且社会资本的差异也大；生源方面，教学型大学生源质量相对较差，且以本地生源为主体，生源结构相对单一；师资方面，师资数量不够，师生比过大，师资质量也相对较低，加之重点大学往往到教学型大学“挖人才”“抢教师”，加剧了教学型大学师资状况的恶化。这些因素直接导致了教学型大学教育教学质量难以保证，学校和毕业生的社会认可度不高，与研究型大学和教学研究型大学相比，面临更多的质疑。

其次，教学型大学在高等教育竞争中处于弱势地位，生存与发展面临挑战。一方面，由于教学型大学数量较多，它们面临着更为激烈的竞争；另一方面，国家实施“211 工程”“985 工程”，大力建设一批重点的研究型大学和教学研究型大学，使得教育资源分配严重不均，导致教学型大学的办学条件、社会资本、教育质量等在高等教育生态圈中处于相对劣势的状态，竞争力不强，在竞争中处于弱势地位。这种竞争的弱势地位又导致其更加难以获得优质教育资源，从而形成恶性循环的态势。尤其是在当今高考生源数量下降的状况下，教学型大学的发展前景更加堪忧。一旦生源不足，将直接冲击学校的日常运行，甚至导致学校倒闭。对于部分办学质量欠佳、学生就业形势不好的教学型大学来说，必将面临更多的压力。面临这样的困境，许多教学型大学对自身的发展也感到困惑，看不清发展的方向，找不到发展的道路。

困难虽然不少，但教学型大学生存发展的最终出路应当是提高教育质量，凭借卓越教育质量实现可持续发展。

（二）教学型大学学生管理模式的内涵

教学型大学不仅包括一部分具有硕士学位、学士学位授予权的本科院校，同时还包括各类从事专科教育、高等职业技术教育的学校。这些高校的学生管理模式以学生的技能训练为主，注重培养学生的应用能力；注重传播知识，通过传授知识，开发人力资源，提升劳动者的素质。这就决定了该模式以技能管理为主，培养生产、管理、服务一线的技术型、应用型人才。该模式要求学校的管理者要与用人单位紧密联系，走产学研结合的道路。培养应用型、技能型人才离不开企业和社会的参与、支持，建立开放式的、以就业为导向的学生管理模式是社会经济不断发展的必然要求。学校的其他管理、教学活动都要围绕着学生的技能培训展开，如专业设置不是针对学科的而是针对职业岗位或岗位群的。学科是相对稳定的，而职业岗位是千变万化的。因此，高等职业教育的专业设置应更多地以市场为导向，基于职业分析，根据职业的变化及不同地区经济发展的不同需要灵活设置专业。相对于其他模式而言，教学型大学的学生管理模式在整个学生管理中其市场机制所起的作用更大一些。

（三）教学型大学学生管理模式的构建

1. 组织结构——科层

鉴于教学型大学的内涵及特征，教学型大学学生管理模式的组织结构为刚性化的科层结构，这种组织结构以高校的行政权力为主导，利用行政权力对高校的教学资源进行整合，在学生管理过程中会关注本科教学的设计，会关注所制定的管理制度的统一性。

教学型大学学生管理的科层组织结构实行刚性集中的垂直化管理，高校会根据学校的实际情况制定适合本高校的人才培养目标，高校管理层则通过行政部门制定的管理规定和制度进行管理。因此这种金字塔式的科层组织结构能够将高校决策层的战略目标向下传递给基层的管理者，然后通过基层的管理者再传递给高校学生，这样层层传递能够很好地贯彻执行高校的管理制度。在科层组织结构形式下，处于高校管理中层的相关职能部门和院系起到承上启下的作用，其自主管理权限和空间不大。

教学型大学学生管理模式中的学术权利的影响力在三种类型的大学里最弱，科研活动和学术发展相比教学活动的权重也比较轻。因此，教学型大学的管理水平主要取决于学校的核心管理层，尤其是主要负责人的管理理念和管理方法。

2. 分层次管理学生

对于进入教学型大学学习的学生来说，有其多样化的特点，学生的文化知识水平参差不齐，但是能够进入大学的学生社会化程度会比较高；他们有很强的道德意识，有较大的自由度和较强的叛逆性，渴望被认可。另外，学生的意志力也不一样。高校学生管理者要根据学生的不同特点，使用不同的管理方法，多用鼓励的方式激励学生学习，磨炼学生坚忍不拔的意志，提高学生的素养。

3. 注重实践教学

与其他类型的大学相比，教学型大学的教学内容更加注重实用性，主要有以下几种表现。首先，在课堂教学方面，实验实训类课程所占比重较大。研究型大学的实验课出于理论验证的目的，而教学型大学的实验课侧重培养学生的动手能力和独立解决问题的能力。其次，更加重视实习环节。实习环节通常在大四进行，学生主动向企业申请实习岗位，企业结合自身需要在申请者中择优录取，经学校审核后双方签订实习合同。最后，大四的毕业设计环节，学校通常要求学生进入企业中完成。根据院系学科特点的不同，由学校出面联系所在区域相关企业，学生在学校办理完相关手续后与企业签订实习协议，在企业中做毕业设计。教学型大学的毕业设计环节旨在提高学生解决实际问题的能力，不仅要求学生独立设计产品图纸，还要完成样品的安装与调试。

4. 开展校企合作

教学型大学人才培养的目标是应用型人才，因此在学生管理中要融入实践教学，通过开展校企合作、建设实践基地等方式锻炼学生的动手能力，提高学生的实践能力，充分利用社会的各种资源，提升教学型大学的办学能力。

5. 紧跟市场变化

学生在学习过程中，有较多的时间参加集中或分散的专业见习、实习，并直接参加大量的社会服务活动。随着科学技术的迅猛发展，社会对人才的技能要求越来越高。因此，高等院校的技能培训，越来越需要提高档次，以适应人才需求的变化。在具体操作中，教学型大学应建立相应的实验实训场所和技能训练基地。

学校决不能凭自己的感觉设置专业，不能跟着感觉走。要经常到人才市场、劳动力市场和企业中去调查研究，去发现他们急需什么人才，急需什么技能的操作者，主动为他们定向培养人才，这样既帮助企业解决了人才问题又解决了学生的就业问题。

三、教学研究型大学学生管理模式

（一）教学研究型大学概述

严格说来，教学研究型大学并不是一个精确表述的概念，还只是一种通俗的说法，它介于研究型和教学型大学之间，由教学型大学发展而来。教学研究型大学有什么特点，哪些大学属于教学研究型大学，目前还没有统一的规定和完全一致的看法。根据我国大学的实际情况和有关方面的研究，我们试从以下几个方面对其特征进行归纳。

（1）建校历史。教学研究型大学一般应具有一定的办学历史，因为重视学科建设和科学研究是教学研究型大学与教学型大学的重要区别，而学科建设需要一定的时间，尤其是学术传统的形成有一个过程，不是短期就能够形成的。

（2）学校规模。教学研究型大学的学生规模一般不少于 1.5 万人，实际上，我国现有的教学研究型大学的办学规模多在 2 万人以上。

（3）学科建设。教学研究型大学拥有国家重点学科和重点实验室，并围绕特色学科形成了学科群，本科一级学科有效覆盖面在 4 个以上。教学研究型大学具有博士学位授予权，学历教育应该涵盖博士、硕士和学士三个完整层次，在校研究生比例以超过 15%为宜（研究型大学在校研究生比例应不少于 50%），年授予博士、硕士的数量必须达到较高的规模（有人提出将每年授予 10 个以上的博士学位、200 个以上的硕士学位作为最低标准），一些研究生规模较大的教学研究型大学还设有研究生院。

（4）教书育人。教学研究型大学的特点之一是教学与科研并重，因此，无论是教学型大学还是教学研究型大学，教学的中心地位始终不能动摇。教学研究型大学同样承担着从本科层次到博士层次学生的教学任务，教书育人仍然是此类型大学的特征之一。

（二）教学研究型大学学生管理模式的内涵

教学研究型大学是介于研究型大学与教学型大学之间的一类学校。人才培养方面，教学研究型大学主要培养本科生，也培养一定比例的研究生，人才培养目标是技术应用型高级人才和创新型人才。科学研究方面，教学研究型大学能产出一定数量的高水平科研成果，科研成果的贡献主要体现在技术的应用研究和技术的创新研究上。但教学研究型大学与研究型大学最根本的差别，是教学研究型大学科学研究的档次和规模不如研究型大学。

教学研究型大学学生的高考成绩一般，其他方面的条件（如师资和实验条件等）也没有研究型大学的水平高。教学研究型大学主要针对企业或者政府开展相关服务，为地方经济发展服务，培养企业和政府需要的应用型人才。教学研究型大学的人才培养模式中，更注重知识的融合与应用，即整理已有的知识并将其转化为现实的生产力。

教学研究型大学的重要任务之一就是传播知识，除此之外，也非常重视知识的转化和应用，重视在实际的生产中开展基础应用研究，使学生的实际应用能力和实践技能得到锻炼。因此，针对这种情况，管理系统的完整性和过程的控制性尤为重要。教学研究型大学的学生管理模式中，学生管理工作被认定为一个完整的系统，这是必须综合考虑各个环节的一种新型的运行机制，需要运用新的管理观念和思路对各个环节进行有效的管理和控制，最终实现管理目标。

（三）教学研究型大学学生管理模式的构建

1. 组织结构形式——事业部制

管理重心的不同是教学研究型大学与研究型大学的区别之一。因管理重心不同，管理权限的授予对象也不同，这与大学的价值取向息息相关。研究型大学的学生管理重心往往在学校或课题组这一层面，而教学研究型大学的学生管理重心在学院或系这一层面，带有鲜明的事业部制的管理特征。事业部制的组织结构形式就是通常所说的学院制，学院有足够的管理权限后，既可以调度更多的外部资源，又可以根据其学科特点制定一系列有利于学院发展的政策和激励措施。同样，事业部制的组织结构有利于学院学生管理工作的有效开展。

2. 激发学生的参与热情

教学研究型大学的学生各方面素质多数处于中等水平，受传统意识的影响较深，一直以来也习惯于被老师管理。然而，在服务和管理并重的学校氛围中，激发学生的参与热情，能使其发挥无限的潜能。

（1）高校要将学生管理的规章进行充分宣传，让广大同学知晓，让更多的同学了解管理的目的和意图，争取广大同学自觉的配合和支持，达到教育管理的预期目的。

（2）学校各职能部门应广泛听取学生的意见，接受学生的质询，加强沟通。这些活动能调动学生参与学校管理的积极性，有利于顺利解决学生面临的各种问题，保护学生的切身利益。

（3）充分利用学生社团、学生会组织发挥学生的主体作用。学生会组织既是学生充分发挥自身潜能、锻炼自身能力的最佳场所，又是学生工作者服务和管理学生的有利保证。

第三节　高校学生管理模式的创新路径

社会和时代的进步促使高校学生的素质水平趋于多元和复杂，这也对高校学生管理提出了更高的要求。在新形势下探索高校学生管理模式的创新思路和方法，可以为我国高等教育的可持续发展提供良好的动力支持。

一、高校学生管理模式创新的必要性

（一）经济社会快速发展的必然要求

随着市场经济的发展和高校扩招，高校学生管理正面临一系列的转变，如学生工作的部分管理职能向服务职能转变；大学生就业向自主择业转变；固定学制向弹性学制转变；经济困难学生的资助由原来的发放助学金、困难补助向助学贷款和勤工助学转变；等等。这一系列转变使原来传统的学生管理理念、管理模式的问题日益凸显，难以满足市场经济条件下高校发展的要求。目前与之相适应的新的学生管理理念和模式尚未完全形成，这就为高校的学生管理带来了新的考验。

（二）信息化时代发展的必然要求

在信息化迅速发展的今天，网络的发展和普及为高校学生管理提供了新的阵地和领域，提高了高校学生管理的工作效率，为学生管理带来了重要的

机遇。但同时网络也给学生管理带来了新的问题。一是因网络信息的丰富性和开放性，学生工作者在获取信息的渠道、时间和数量上与大学生相比不占明显优势；二是网络的虚拟性、隐蔽性使得网络成为有害信息的滋生地和传播地，大学生难以判别和抵御，导致有的大学生上当受骗，有的大学生沉溺于网上的虚拟世界不能自拔，这就为高校的学生管理带来了新的挑战。

（三）适应我国高等教育发展的需要

高等教育的全球化给高校学生管理模式提出了更高的要求。在这种情况下，高校学生管理必然要与世界先进高校的学生管理接轨，用新的管理理念、管理体制、管理模式来适应时代发展的要求。同时，教学体制改革使学生管理面临新的变革。目前，全国各高校普遍实施了学分制。在学分制下，学生管理打破了学年制整齐划一的教学管理模式，学生管理工作不再局限于本专业学生，还要管理由选修课程带来的其他专业或其他学校的学生。同时，学生管理除了对学生进行教学和思想生活管理外，还需要帮助学生构造合理的学科知识结构，指导学生由定向学习变为自主选择性学习。因此，学生管理必须实现由学年制下的指令性管理向学分制下的指导性管理转变。

高等教育从精英教育向大众化教育的转变，是一国经济发展到一定阶段的必然产物。这种转变，并不仅仅体现在大学生量的变化，而是规模、结构和性质上质的不同，学生群体的异质性程度显著增加。在这一大环境下，就要求高等教育在注重全体学生获得知识和体验的同时，更要注重学生个体发展的差异，注重发现和开发学生的闪光点，强调给学生创造一个自主发展的空间，让其充分发挥个性优势，形成独立的人格和突出的个性。但目前高校学生工作仍然沿用“以管理为主”的工作模式和忽视学生个性的培养方式，在研究学生、服务学生、尊重学生个性等方面还停留在意识层面，与高等教育大众化的要求不相适应，必须加以改革。

经济全球化是当今世界发展的趋势，作为“受经济发展制约”的高等教育，在经济全球化的浪潮中必然走向国际化。高校也必须根据经济全球化的要求，调整办学思路和人才培养目标，改变教学内容和方法，改革学生工作模式。近年来，国内外高校都把学生工作的重点放在大学生人文素质教育、考研、就业指导、法律援助、心理健康教育、勤工助学、社区服务等方面，强调对学生的指导和服务。国内外高校学生工作的经验表明，以服务为核心的教育管理观念是学生工作得以成功开展的核心所在。特别是国外高校在尊重学生的主体作用、加强对学生的指导和服务方面有许多值得我国高校学习和借鉴的地方。因此，创新高校学生管理模式应成为发展我国高校学生管理工作的突破口与重点。这既是总结过去、面对现实的理性选择，也是着眼未来的现实需要。

伴随着我国经济的迅猛发展，各级政府都十分重视教育，积极培养高层次的技术型人才。目前我国高等教育实现了历史性新跨越，高校学生的综合素质及其培养质量等越来越受到用人单位的关注。高校的扩招、素质教育、自主择业等一系列改革措施的出台，都直接影响着高校学生管理模式的实施，都促使学生管理模式要尽快适应新形势，以保证高校快速及时地培养能适应社会发展的技术型人才。

（四）帮助大学生更好地适应社会环境

当代大学生多为独生子女，因此对生活的体验和感受不同于以往的大学生，他们时代感强，责任意识较弱；自我认同感强，实践能力较弱；参与意识强，辨别能力较弱：主体意识强，团队意识较弱；个性特点强，承受能力较弱。这些特点使学生管理工作面临着前所未有的挑战，大学生全新的行为方式和理念与传统的学生管理体制必将产生冲突，如不及时解决会使工作陷入被动。

如今，高校与社会之间的联系为本科生带来了更多发展自我、展示自我的机会，但因社会上的信息混乱，一些学生放松警惕后易出现上当受骗的情况。为此，高校应加强对学生管理模式的关注，增强学生的安全意识，防止类似事件发生。另外，社会上的很多不良风气和言论会潜移默化地影响学生的世界观、人生观、价值观，从而导致他们朝着不健康的方向发展。高校必须坚持预防为主的指导方针，从新的角度管理学生，增强他们的自我保护意识。所以，目前各大高校应更新教育管理理念，不断加强大学与社会之间的联系，不断创新学生的管理模式，完善高校管理制度，以帮助学生在毕业后获得足够的社会经验，更好地完成从大学到社会的过渡。

二、高校学生管理新型模式的职能

（一）教育职能

教育职能是高校学生管理模式的根本性职能。高校的管理目标是为社会培养出合格有用的人，高校学生管理的对象是在校大学生，教育学生是它的基本职能之一。教育包括知识教育和成长成才教育。学生管理工作所进行的教育就是学生的成长成才教育，其与教学对学生的知识教育是有明显差别的。

高校学生管理不是单纯地为了管理而管理，而是为实现国家的人才培养目标而服务的。从这个意义上讲，大学生管理的教育职能就是培养国家需要的德、智、体、美、劳全面发展的人才，管理的目的就是育人。因此，高校学生管理新型模式中的教育职能，应充分重视育人功能的发挥，突出以育人为目的和指向的管理内容。以育人为目的和指向的管理内容一方面应体现在大学生管理过程中的人力、财力、物力等资源配置的方方面面，另一方面更应体现在对大学生进行教务管理、安全管理、行为管理、群体组织管理、就业管理、资助管理等学校各部门分属管理的方方面面。这就需要在大学生管理中处理好管理与思想政治教育的关系，将大学生管理与思想政治教育有机地结合起来，自觉地遵循教育规律，重视发挥思想政治教育在帮助大学生树立正确的世界观、人生观、价值观方面的作用，实现科学管理和有效管理。

（二）管理职能

管理是一种行为，通常管理通过信息获取、决策、计划、组织、领导、控制、创新等职能的发挥来分配、协调包括人力资源在内的一切可以调用的资源，以实现单独的个人无法实现的目标。学生管理包含两个层面：一是对人的管理，即对学生个体和学生群体的管理；二是对事的管理，即对与学生相关的事务的管理。对学生的管理，主要通过教育、激励、组织等手段，让学生身心得到发展，使学生能够适应学校的学习和生活。学生管理工作的重点是对事务的管理，包括学风建设、思想政治教育、学生档案管理、学生违纪处理、突发事件处理、学生评奖评优、组织学生工作会议、制定学生工作计划等诸多方面。由于管理的内容多种多样，从活动形式上可简单归纳为学生思想品德管理、学习管理、生活管理、班级管理、学生自我管理及学生评价等。

管理职能是高校学生管理模式的必要性职能。在高校学生管理模式中，建立健全覆盖学生日常学习生活的规章制度体系并做到依章执行是十分必要的。

（三）服务职能

服务职能是高校学生管理模式的基础性职能，主要是根据学生个性化、多样化的发展需求提供有针对性的辅导和服务。随着高等教育的发展，学生管理工作不再固守单纯的思想政治教育方式，开始借鉴西方国家高校学生事务的管理方式，即开始强调服务学生的职能。高校学生管理的核心在于服务，向学生提供满足其成长需求的各种服务，把教育与管理、服务结合起来，帮助其更好地学习、生活，从而实现全面发展。学生工作应为学生的学习与成长创造一定的条件，解决学生在学习、生活过程中遇到的实际问题，为其提供全方位的服务，将学生的需求作为工作的出发点和落脚点。

在国外，学生工作或者说学生事务包括招生、经济资助、专业选择、学生宿舍管理、健康服务、心理咨询、法律服务、权益保护和社会活动等多方面。许多学生事务管理的内容具有相似性和共存性。现在高校大都有以下几类服务：招生咨询服务、学生入学指导服务、思想道德引导服务、身心健康服务、日常生活服务、学习指导服务、权益性维护服务、就业指导服务、经济资助服务、后续发展服务等。

（1）招生咨询服务。随着高等教育体制改革不断深入，高校招生咨询已成为高校招生工作的重要环节，是高校学生工作重要的服务内容之一。高校招生咨询工作，不仅是高校服务考生的窗口，也是高校推介自身的途径和联系社会的重要纽带，更是高校引导广大考生认识本校、报考本校，最终成为本校学生的重要途径。高校要利用自身资源，努力建成一个全方位、多层次、立体型的高校招生咨询体系，为全国各地有志青年报考本校提供优质服务。

（2）学生入学指导服务。学生入学指导服务主要包括向新生及其家长宣传本校本专业的教育概况，为学生适应校园生活及利用校园教学与生活资源提供指导，帮助新生重新寻找自己的定位，使之尽快完成角色转变，适应新的学习生活环境，为圆满完成学业奠定良好的基础。学生入学指导服务还包括为新生提供一定的心理辅导、心理测试等服务。

（3）思想道德引导服务。学生工作肩负有开展思想政治教育的重要使命。我们要通过有效途径和大家喜闻乐见的形式，开展爱国主义、集体主义和社会主义教育。进行思想政治教育要尊重思想政治教育的基本规律，要采取人性化的、软性的教育手段熏陶学生、引导学生，特别要利用重大的节日和事件，对学生进行有针对性的教育。同时，要重视大学生政治素质的培养，切实提高当代大学生参与公共生活、公共管理的意识和能力，为建设社会政治文明奠定坚实的人才基础。

（4）身心健康服务。身心健康服务包括身体健康指导和心理健康教育，除定期体检外，还要给学生提供健康知识，鼓励学生积极参加有益的文体活动，在文体活动中促进身心的成长。依托高校的心理健康教育与咨询中心，帮助学生了解心理知识、洞察心理世界、预防心理疾病、挖掘心理潜能，从而提高他们的心理素质，解决学生在学习和生活中遇到的各种心理问题。

（5）日常生活服务。学生不仅是受教育者，也是教育投资者和消费者。要为学生提供各种生活服务，改善生活环境，对学生社区进行物业化管理，健全社区功能，构筑集娱乐、购物、健身为一体的文化社区。我们应注重在生活上关心学生，处处从学生角度开展服务工作。如为每个学生设立校园网络账户或“一卡通”，供他们实时查看自己的注册信息，学期选课情况，每门课的成绩、学分，就餐购物消费情况等，为学生的自我规划和自我管理创造条件，充分体现学生工作“以学生为本”的教育服务理念。

（6）学习指导服务。要注重建设优良的学风和校风，提供有利于学生学习的设施和条件，创造有利于学生学习的氛围和环境，满足学生学习方面的需求；要因材施教、因人施教，当学生出现学习方面的问题时，辅导员、班主任要进行个别指导，或指定专业教师给予帮助；要通过举办学术讲座、学习竞赛等形式，调动学生的学习积极性；要教育学生学会学习，学会使用学习设施，利用好图书馆，善于使用互联网等现代手段获取知识，增强学生学习的兴趣。通过成立领导机构、设立资助奖励基金、建立科研项目管理制度、开设创新课、设置素质教育学分、建立创新实验基地、举办科技竞赛、发展学术社团等手段，建立健全领导体制、管理体制、活动体制，为学生创造开展学术研究的机会和条件，培养他们的科研能力和创新创业精神。同时，组织各种形式的活动，广泛地利用社会的力量，为学生的社会实践提供宽广的舞台。

（7）权益维护服务。为维护学生的权益服务，树立依法管理、民主管理的思想，通过合法的形式，积极反映学生的心声，维护学生的正当权益，与侵害学生权益的行为做斗争，真正成为保护学生权益的代言人。

（8）就业指导服务。为学生的就业服务，帮助学生转变就业观念，通过各种形式的服务增强学生的就业本领，开发学生的就业潜力，实现学生从人力资源向人力资本的转变。帮助学生找到能发挥自己聪明才智的职业、规划职业生涯成为服务学生的重要内容。就业指导主要是把就业安置和职业生涯规划结合起来，成立就业指导中心，具体职能包括指导学生进行自我评价、专业定向和职业定向，提供就业信息，指导学生参加实习、实践和开设就业指导课，传授求职择业技巧，推荐学生参加就业与职业交流洽谈会，组织校园招聘与面试活动，指导毕业生通过多种渠道就业和为校友服务等。

（9）经济资助服务。高等教育不是义务教育，高校实行缴费上学制度，难免让一些贫困学生面临无法上学的困境，这些学生需要获取经济资助。高校学生工作应通过提供国家助学贷款、奖学金、助学金、学费减免和扩大勤工助学的途径等方式，帮助他们克服经济困难，顺利完成学业。还可以通过开设新生入学绿色通道、开辟勤工助学渠道、建立助困基金、吸纳社会救助资金、设置各类奖学金、成立助困中心等形式，为学生提供有效的经济资助服务。

（10）后续发展服务。后续发展服务即对毕业校友的服务，包括毕业后的再教育和毕业后的再服务。毕业后的再教育包括学历教育和技能教育，学历教育包括专科升本科、本科生考研究生、硕士生攻读博士学位、博士进流动站做博士后等；技能教育包括毕业参加工作后的长、中、短期各类业务培训。毕业后的再服务包括留学服务和跟踪服务，留学服务包括咨询、指导、推荐和提供相关学历资料等；跟踪服务包括毕业生跟踪调查、提供技术支持、协办创业基地等。

随着高等教育大众化的发展，大学生结构发生了较大的变化，社会的进步使得他们的主体意识增强，需求和个人思想行为日益多样化，主体地位进一步明确。学生逐渐习惯于根据其利益来评价和要求学校的各项工作，包括学生管理工作，对交往、精神和发展需要的满足等。这种变化要求学生工作必须从学生全面发展的实际需求出发，以学生为中心，把教育、管理融入服务之中。学生的教育、管理也是服务于人才培养，帮助和促进个体全面发展的，其最终目的都是促进学生的全面发展，离开了促进学生发展这个核心目的，教育、管理就会变得没有意义。这是一切学生工作的出发点和落脚点。

总之，高校学生管理新型模式的三种职能中，教育是管理的前提，管理是教育的手段，服务是教育与管理的有效体现。教育、管理和服务作为手段，始终体现在学生管理工作过程之中。要把教育、管理作为服务的支持和保障，在服务的观念下实施教育和管理，根据教育要求和学生成长的需要，优化学生的学习、生活环境，为学生成才、成功创造必要的条件。通过教育、管理和服务的有效整合，发挥学生的主动性，激发学生的潜在能力，从而将教育、管理和服务最终落实到促进学生全面发展的目标上来。在学生发展理论的指导下，正确认识学生工作存在的问题，处理好教育、管理、服务与学生发展之间的关系，已经成为高校学生管理变革的突破口。

三、高校学生管理模式创新的路径

（一）树立正确的学生管理理念

俗话说“纲举目张”，树立正确的学生管理工作理念是高校创新学生管理模式的前提。根据实际情况，高校需要树立以学生为本、为学生服务等管理理念。

1. 树立以学生为本的管理理念

马克思指出，人的本质不是单个人所固有的抽象物，在其现实性上，它是一切社会关系的总和。这是马克思主义唯物史观的一个重要命题。以人为本是一种价值观的表现形式，它把人的本质作为最重要的东西，把人作为一切工作的基础，考虑从人本身的需求出发，以实现人的价值为最终任务。放到学生管理工作中，就是要以学生为基本出发点，把学生的个人发展放在首位。主要表现在以下几个方面：①强调尊重学生的主体地位；②充分尊重学生的需要，把学生关心的问题和需要解决的问题当成最重要的事情来处理，满足学生的合理需要；③肯定学生的价值，在以人为本的管理理念中，学生的价值必须肯定，这是以人为本管理的基础。作为现代教育管理的一个十分重要的思想，以人为本的管理理念激发的是人的主体性和创造性的统一，强调的是社会发展与个人发展的统一。

将“以人为本”的管理理念贯彻到高等学校教育实际过程中就是“以学生为本”的现代教育观。这一教育观念的基本内容就是要理解、尊重、服务、依靠和相信学生；就是要把学生这一教育服务的对象，真正作为学校工作的主体，所有的工作都围绕着学生工作这个重心开展，充分地考虑学生的需要，并促进学生个人的发展；就是要把培养学生的综合素质作为衡量和评价一切学生工作成败的唯一标准，高度重视学生综合素质的提高，努力使学生的受教育经历得到个性化的发展，成为一个完整的社会人，使学生在受教育的过程中能树立起正确的人生观、世界观、价值观。

教育工作的最终目的是推动人类社会不断地延续和发展，但这一目的是通过培养社会所需要的人来实现的。因此，各高校在围绕本校的发展战略构架出明确的工作理念的同时，在学生管理上应树立以人为本的理念，以学生为本，为出发点和落脚点，注重学生的个性发展。同时，在学生工作中注意管理和服务思想并重。

(1) 注重学生的创新性发展和个性化发展。新形势下的学生管理工作要突出学生的主体地位，尊重学生个性的张扬与优化。全面注重学生创新意识和综合素质能力的培养，实现学生多层次多维度的成才目标，全心全意地服务于学生的各方面，充分尊重学生在管理工作中的合理权利、主动性、积极性和创造性。具体可以通过理想信念教育，为学生进行自我选择和自我调整提供精神动力和行动指南；通过正面引导、反面惩戒来进行学生的需要诱导，即从道理上说服学生，促使学生明辨是非，权衡利弊，从而使学生正确规范自身行为，调整自己在学习、生活中的需要；通过动机激励、过程磨砺、利益驱动来进行学生的需要驱动，激发学生内在成才动力。

(2) 注重体现学生的主体地位。根据“依法治校、科学管理”的要求，一方面，要明确地告诉学生，他们在学校里享有什么样的权利，在充分享有权利的同时不能忽视应尽的义务；另一方面，要对学生的合法权益予以维护，针对学生的决定，要做到程序正当、证据充足、依据明确、定性准确、处分恰当，学生对学校的处理享有陈述、申辩和申诉权，学校要有明确的程序，使他们在开放的环境中健康成长，从而建立起一种师生互动、沟通频繁的有利于学生积极主动参与管理的新机制。

(3) 实行人性化管理。高校是培养和输送人才的重要阵地，始终担负着为社会培养高素质的建设者和接班人的神圣使命。在现行的高校学生管理中，管理目标的抽象化和格式化也是高校学生管理的一大弊病。高校学生管理与学校的其他工作目标是一致的，都是为社会培养人才。

人性化管理是以情服人来提高管理效率的，人性化管理风格的实质就在于充分尊重被管理者的自由和创造才能，从而使得被管理者以满足的心态或以最佳的精神状态全身心地投入学习和工作中去，进而直接提高管理效率。人性的管理是情、理、法并重的管理，而不是放任管理，也就是我们提倡的教育人性化。对高校学生实行“以人为本”的管理模式抓住了学生管理中最核心的因素，因为学生管理就是人的管理。人的需求、人的属性、人的心理、人的情绪、人的信念、人的素质、人的价值等一系列与人有关的问题均成为管理者悉心关注的重要问题。这是高校学生管理的出发点和落脚点。

高校的基本职能之一就是为社会培养人才，大学生已经具有了成为国家栋梁的基本潜质和条件，在教育和培养的过程中，要充分调动大学生的主动性、积极性和创造性，为他们提供能激发创造性和自主创新性的氛围。而要实现这一目标，高校学生管理就必须是人性化管理，实施“以人为本”的管理模式。首先要转变教育管理观念，树立科学的人才观。切不可用一种人才模式去苛求学生，限制学生个性的发展。学生管理工作者要有着眼于未来的战略眼光和不拘一格育人的胆略。其次要着重提高教师的综合素质，强化管理者的人格魅力。

在新形势下，主观上学生群体已经逐渐不再接受传统的高校学生管理模式，客观上高校管理所面临的形势也不能使这样一种模式维持下去。招生规模的扩大、个性培养和创新教育日益被高校所重视等因素都要求高校学生管理必须抓住“学生”这一根本，转变管理理念，提高教师的综合素质，强化管理者的人格魅力。进行人本化管理，其实是对教师尤其是学生管理者提出了更高的要求。以人为本，促进高校学生管理和谐发展是时代的发展适应大学生全面发展和个性发展的必然要求。构建和谐社会、和谐校园，新时期学生的思想特点等使得以人为本的管理模式成为必然的选择。

2. 树立为学生服务的管理理念

当今世界，教育已经成为一种服务。世界各国的教育业都努力提高教育服务的水平和质量。对我国高校而言，这种理念需要不断推广和完善。在以人为本的教育管理模式下，必须强化将教育作为一种服务的观念。学生是学校最主要的服务对象，是教育工作的主体。学校的各项工作目标就是要为学生提供优质的教育资源和教育服务，使得整个学校构成一个完整的服务机构，为学生创造有利于学生成长成才的良好环境。学生管理工作是这个服务机构中的重要环节。

随着高等教育自费的普及，教育已经作为一种消费形式呈现在国人眼前。教师和学生之间的关系是平等的、民主的，必须摒弃传统的师道尊严和严格管理的思维，树立为学生服务、关心爱护学生的理念。要站在学生的角度来看待学校的管理，使学校的管理模式更加适应学生的特点，让学生可以有更多自由的空间来发展个人才能。

如何提高教师服务学生的能力和水平呢？首先，高校的学生管理者应当树立服务意识，从思想上和作风上彻底改变高高在上的姿态，充分尊重学生的人格和尊严，对于学生提出的合理要求要想办法予以满足，为学生提供一个良好的学习环境，做到真正地热爱学生，发自内心地关心学生的个人成长与发展。其次，作为学生管理人员要有正确的教育思想和科学的管理理念；要有民主意识，要有兼容并包的思想，尊重学生在学术上的不同见解和对人生的不同看法，使学生习惯学校的管理模式，乐于接受学校管理行为给他们带来的有益的熏陶，从而促进学生学识的提高和身心的健康发展。

当然我们目前的学生管理工作并不完善，无论在服务内容上，还是服务水平上，距离这种“服务”的标准都还有不小的差距。这就给我国高校的学生管理工作提出了更高的要求。毋庸置疑，增强服务意识，提高学校各职能部门特别是学生管理工作人员的服务水平和基本素养，对于推动学校体制改革，建立有效的新型学生工作管理模式都是有百益而无一害的。

3. 树立全面的服务、教育、管理一体化理念

学生工作者以服务者的姿态出现，会在情感上拉近与学生的距离，容易得到学生的信任和理解，并在实施服务过程中形成对等交流的气氛，从而产生双向互动的效果。把服务作为管理的先导表现为，学生工作者树立“以学生为本”的意识，了解学生普遍关心的问题是什么，学生迫切需要解决的问题是什么。

树立服务意识还体现为，为弱势群体学生服务，为他们提供奖助学金和经济援助，以解决其后顾之忧。随着高校收费制度的实行，高校中有一部分学生的家庭条件比较艰苦，不能承担大学学费，作为学生管理者要树立服务意识，关心这些困难学生，帮助他们解决经济困难。通过设立奖学金、为贫困学生申请贷款、提供勤工助学岗位、实行缓期交费制度和给贫困生发放补贴等帮助贫困生渡过难关。

我们这里讲树立以人为本的理念不是把管理抛到一边，只讲服务，而是要以学生管理为依据，在管理的支持下实施服务。在学生工作中，涉及管理的地方还应发挥出管理的功能，将管理作为服务的支撑和保障。这样既能更好地为学生提供服务，同时又能更有效率地实施管理。

为学生的成长和成才创设良好的氛围，促进学生发展，从而服务于高校培养人才的使命才是学生工作关注的重点。以学生为本，牢固树立为学生服

务的理念，紧紧围绕着学生的需求，构建顺应学生发展的教育、管理和服务三位一体的学生工作体制，是学生工作可持续、协调发展的必然选择。学生规模的不断扩大、学生工作职能的不断丰富、学生事务的不断增多等导致了校级管理不顺畅，缺乏系统性与灵活性，不利于学生的全面发展。因此要树立学生工作的教育、管理、服务一体化的理念，树立以学生为本的理念。学生管理工作者被赋予了多重角色，他们既是管理者、教育者，更是学生的服务者，这就要求把教育过程、管理过程和服务过程相结合，使三者相互渗透，互相促进。

4. 树立“全过程”的管理理念

高校为强化学生的技能训练，按照教学计划，每个专业基本上都建立了校外实训基地，而目前实训基地的学生管理工作基本上属于空白。因此为填补实训基地学生管理工作的空白，高校的学生管理模式必须树立“全过程”的管理理念，即在实训基地继续对学生实行相应的管理，可从以下两个方面进行尝试：一是要求在实训基地的学生成立临时管理机构，如组建学生临时党支部，由党支部在教师的指导下，带领学生在实训期间组织开展学生的自我管理；二是实行实训基地的“导师负责制”，即由实训基地的技师或工程师按照一定比例对实训的学生进行技术和实践操作上的管理。高校贯彻“全过程”的管理理念具有重要的意义：一是体现了学校对学生“扶上马送一程”的殷切期望，使学生尽快适应社会；二是在延伸“服务学生”管理理念的基础上，达到了“学生发展”的管理目的。

5. 树立民主化学生管理理念

现代高校学生是一个具有较高素养的特殊社会群体，他们对事物的认知有着别具一格的见解，反感管理者的命令式的管理。因此当前在学生管理中我们必须强化民主观念，彰显人文管理精神。学生管理中学生的主体地位不可动摇，要做到一切为了学生，爱护学生、理解学生、尊重学生，努力营造平等、民主的育人氛围，而且要让学生在管理活动中参与管理、参与决策，从而使管理者和被管理者为实现共同的目标而奋斗。

当今社会在不断地进步和发展，大学生的思想观念、道德行为、价值取向等发生了深刻的变化，要引导学生加强自我管理，提高他们未来的生存能力和发展能力。在当今社会，高校教师既要教书育人，还要管理、指导学生，使学生养成正确的学习生活习惯，树立正确的人生观、世界观、价值观。

(二) 构建多元化协同管理的学生管理体系

在正确的管理理念指引下，高校的学生服务体系结构是否合理、运转是否顺畅有效，直接关系到高校学生管理模式的实际执行效果。

1. 完善学生管理体系

高校应充分发挥学生会、社团联合会和各书院的作用。这些组织与学生有着直接的接触，他们的一些活动可以直接影响大学生的心理。因此，高校要想完善和创新新时代的学生管理模式，就应该从学校的各个组织入手，努力创建更高质量的学生群体，让他们带领其他大学生不断完善思想教育工作。要充分发挥学生会和社团联合会的主观能动性，使他们对学生产生影响。另外，在丰富校园文化的同时，要加强思想教育培训，从而帮助学校更好地完善新时代的学生管理体系。

2. 完善学生管理体制

基层院系学生工作管理的有效开展离不开院系领导班子的大力支持。院系学生工作管理体系建设首先要安排院系班子即专门领导全面负责学生工作管理，同时院系党政领导也要亲自抓。建立党政共同负责学生工作管理的领导机制，可以全面整合院系各部门的力量，使得院系教务、行政等各部门分工协调，促进基层院系学生工作管理有序开展。在院系党政领导的共同负责下，学生工作管理既不是单纯的思想教育工作，也不是单纯的行政管理工作，而应该既是思想教育工作，又是行政管理工作。为了确保党政共同负责落到实处，可以在院系党政联席会议上单列一项学生工作管理，用以保障学生工作管理顺利、高效开展。

需要说明的是，各项工作的开展都需要学校学工处发挥指导功能。同时，学校有必要赋予院系学生工作管理部门一定的行政权力和主动权，否则，仅作为与院系同级别的职能部门，其各项工作极有可能得不到有效开展，导致院系学生工作管理部门的职能与目标存在距离，从而达不到预期的管理目标。

院系基层学生工作管理必须建立在配备完善、工作得力的学生工作管理机构的基础之上。长期以来，院系的学生工作管理机构虽然采取了不同的设置形式，但是无论采取哪种设置形式都必须满足学生受教育的需要，满足一定的设立条件。比如，是否适合学生全面发展，是否能使学生工作管理人员顺利开展工作，是否能够使院系学生工作管理部门达到预期的目的。

要加强院系一级的领导和管理。在机构上，成立院系学生工作管理办公室，与学校学生工作管理处相对应，院系党政负责人共同对本院系的学生工作管理负责，院系学生工作管理办公室的常务负责人是院系党委（党总支）副书记，成员包括院系学生工作管理办公室主任、团委书记、年级辅导员等。需要注意的是，院系一级的本科生学生工作管理由党委（党总支）副书记负责，而一些高校的研究生学生工作管理由党委（党总支）书记负责，那么在管理中应当由院党委（党总支）书记对全院研究生、本科生的学生工作管理负责，在具体工作中一定要统筹兼顾、理顺研究生和本科生的管理机制。

目前，由于大学生数量不断增多，事务量也在增大。虽然近年来学生工作管理组织进一步扩大，学生工作管理人员数量进一步增多，但是院系学生工作管理人员既要应付日常的学生工作管理，也要随时处理突发事件，往往有些力不从心。

为此，院系学生工作管理部门应当以管理职能化、规范化为目标进行部门设置，细化管理职能，以更好地满足学生的需要。具体来说，院系层面要成立或者设立以下几个与学生利益相关的办公机构。

（1）成立院系资助工作办公室。在院系层面上成立院系资助工作办公室，专门负责管理院系学生的各种经济资助事务。具体职能：做好与学校的资助管理办公室的任务衔接；根据自身的专业特点与有意向资助的单位进行联络；负责资助信息的收集和发布；做好学校奖学金、助学金的发放工作，适时提供一些勤工助学岗位信息；等等。

（2）建立院系心理健康辅导室。当前由于经济社会快速发展，学生的心理健康问题越来越具有独特性和复杂性，当代大学生需要专门化的心理辅导。院系直接接触学生，需要成立针对各院系特点的专门的健康和发展咨询部门，配备既了解心理辅导知识也了解本院系特点的专门人员。院系层面上的心理辅导室，可以借助学校心理辅导中心的力量，为本院系的每个学生建立心理健康档案，使院系心理辅导工作成为学校心理辅导的有效补充，同时，也能在第一时间为院系学生提供心理帮助。

（3）成立院系就业创业指导中心。院系层面设立的就业创业指导中心的职责是利用相关学生工作管理人员的专业优势，指导院系学生制订职业生涯发展规划，为毕业生提供与专业相关的求职技能和就业信息，指导学生从事创业活动等事务。院系就业创业指导中心应加强与学校就业创业指导中心的合作，利用院系的专业优势，加强与相关企业的联系，为学生提供高质量的就业创业服务。院系就业创业指导中心要牢牢抓住就业创业服务和就业创业指导这两条主线开展工作，做到重点关注、重点服务、重点推荐，谋求整体突破，提高毕业生就业率。

3. 实现管理模式的法治化

(1) 加快高校学生管理法治化进程。这是实现学生管理模式法治化的前提和基础。推进管理法治化是纠正高校学生管理制度建设弊端、堵塞制度漏洞的有效手段。学校教育是对“人”的教育，对人的教育必须建立在尊重人的基础之上，而对人的尊重首先是对人的权利的尊重。长期以来，教育道德化是我们一贯坚持的教育理念。在教育过程中，权利的设置和运用常常只受道德标准的衡量与限制，而缺乏法律的规范。但在依法治国的环境下，学校与学生之间的关系已经不再是一种简单的管理者与被管理者之间的关系，而是一种对应的权利义务关系。因此，我们应当将教育关系作为一种法律关系来看待，应当将尊重受教育者的合法权益作为教育者的首要义务，在行使教育管理权时，首先考虑的不应当是如何“处置”受教育者，而应当是这样处置是否合法、是否会侵犯教育者的权利，真正将受教育者作为一个平等的法律主体来对待。这才是我们需要的符合时代发展要求、体现现代法治意识的教育理念。高校学生管理的法治化需要管理者提高法治意识。高校管理者具有良好的法律意识是严格依法办事的重要前提，它可以促使管理者在依法行使自己管理职权的过程中，尊重和保护学生的法定权利，避免对学生的侵权。高校应该通过进行法学理论方面的专门化培训、敦促管理者自学等方式，培养管理者的法律意识，尤其是民主思想、平等观念、公正精神、法制理念等，从而自觉用法律法规来规范自己的言行，在管理工作中公正对待学生，尊重学生权利。同时，外聘一些司法工作者组成学生法律援助组织和仲裁机构，并与司法部门建立联系，协同接受各类申诉，立案处理一些案件，形成法治化的育人环境。

(2) 建立正当的管理程序。这是实现高校学生管理模式法治化的关键所在。在具体的管理行为中，实现法治化的重中之重在于程序。这就要求，在处分学生时要及时将处分意见送达本人，确保学生的知情权不受侵犯；建立听证制度，充分保证学生的知情权；建立申诉机制，使学生有一个为自己辩护的机会；建立司法救济机制，保障学生的合法权益。正当程序原则可以追溯到英国普通法传统中的“自然正义”原则。从保障学生权利和维护学生尊严的角度来看，正当程序有利于保障学生的权利，特别是涉及学生的基本权利时更是如此。没有正当程序，受教育者在学校中的“机会均等”就难以实现，其“请求权”“选择权”“知情权”就难以得到保障和维护。另外，如果仅仅从工具性价值来理解正当程序的话，那就贬低了正当程序的价值。程序不能只是达成实体正义的手段，程序具有自身独立的价值。

（3）建立科学的学生管理评价体系。这是实现高校学生管理法治化的重要保障。高校对学生的约束，主要依据是法律标准。特别是在学生处分问题上，道德品质评价不能作为处分学生的依据。在对学生进行处分时，要就事论事、事实清楚、程序正当、依据明确、定性准确。在此问题上，我们要改变既往惯常对问题学生进行处分的教育管理模式，发挥思想政治工作的优势，在处分前要注重对学生的不良思想倾向进行引导，在处分中要加强对学生的思想教育、调动学生主体的自我教育功能、引导学生强化社会责任感，处分后要做好后续的管理和服务、给予学生更多的人性化关怀。通过把思想教育“软件”与刚性管理“硬件”密切结合，营造良好的育人环境。另外，一直以来衡量高校学生管理好坏的重要标准是管理效率的高低，对公平、正义的维护则显得不够。确立科学的学生管理评价体系就是不仅要实现“管住人”，还要“管好人”，以德服人，以理服人，维护学生的正当合法权益。

（4）构建多元化的学生权益救济机制。学校对学生的严重处分，不是对学生宪法上受教育权的剥夺，而仅仅是对该学生在一个特定教育机构接受教育过程的终止，不涉及学生宪法权利的保障。因此，在构建不服处分的救济制度上，不需要考虑宪法上的救济，即不需要考虑宪法诉讼或其他违宪审查方式的问题，但是要考虑高校对学生的管理在很大程度上具有行政管理的味道，法律法规、规章对高校行政处分权的行使规定了严格的条件。就高等学校行政处分纠纷案件而言，行政诉讼和包括教育行政复议、学生申诉制度、教育仲裁制度、调解制度等在内的非诉讼机制都是学生可以利用的权益救济方式。建立多元化的学生权益救济机制，既是以法治校的重要体现，又是避免学校陷入司法审查陷阱的必要手段。

(三) 拓展多样化的学生管理渠道

高校的在校学生能够快速接受新事物，为此，作为高校的学生管理工作者也必须适应管理客体的变化，在实际工作中创新使用多元化的学生管理工作方式方法。

1. 实施“多渠道”学生管理沟通方式

高校要在学生参与学校学生管理的方式方法上进行大胆尝试。根据目前的实际情况，高校可通过以下方式实现学生参与学校学生管理。

(1) 建立学生代表列席学生管理工作月例会的制度。高校分管学生工作的副书记或学生管理部门组织召开学生管理月度例会时，可安排有关学生代表参加会议。在参会时，学生代表可以参与有关事项的讨论，提出自己的意见或看法；对于学生代表持有不同意见的会议议题，会议不可做出决定，可由学生代表会后征求学生意见后反馈给有关部门再议。

(2) 每学期不定期召开学生管理工作沟通会。以座谈会的形式进行，参与会议的人员为学校管理部门的工作人员及学生代表；会议的主要内容为听取学生代表对学校学生管理工作的意见或建议，会议对意见或建议能当场解决或答复的，要当场处理，不能及时解决的要在限定期限内答复学生。

(3) 在其余时间段内，高校可通过设置学生意见收集箱、在校园网上开辟专区等方式，随时收集学生对学生管理工作的意见或建议，并答复学生。上述会议的参会学生代表可从如下方法中选其一进行确定。一是校方发布通知，明确学生代表的参会条件及参会名额，鼓励学生公开报名，依照报名顺序确定后邀请其参加会议。二是通过定向方式，指定学生参加会议。三是邀请经各系学生选举出来的学生代表参加会议。四是按照一定规则随机抽选，邀请被选中的学生参加会议。无论是哪种方式，都要保证确定参会学生代表的过程公开透明，并保证参会学生代表“五湖四海”。

通过这样的方式，一方面可以拓展学生参与学校学生管理工作的通道，另一方面，经会议通过并确定实施的议题，由于其内容经过了学生代表广泛的民主讨论，在执行过程中，参会学生代表自然成为该决议的推动者、宣传者，从而使决议执行得更加顺利。

2. 以高尚的校园文化引领学生

环境是人们赖以生存和发展的自然条件和社会条件的总和。校园文化环境是指与校园文化的形成与发展密切相关的外部条件。校园文化环境包括校园的物质环境和校园的精神环境两部分。校园的物质环境是以布局成型的姿态出现的物质环境，主要是指校容，如建筑物的布局、室外的绿化等。校园的精神环境主要是学校的传统习俗、校风、人际关系、心理氛围、文化品位及活动构成的气氛等。人的发展及才能的养成是遗传、教育、环境共同作用的结果。人不仅受他们所处环境的影响，也在不断地改变环境。这个环境又进一步地影响他人和自己。就学校而言，这种对人的发展及才能的养成产生影响的环境，就是校园文化环境。校园文化环境对学校的教育工作及师生员工的生活有着不可低估的作用。开展多元化的学生集体活动能够培养学生崇高的理想和高尚的道德情操，能够使学生的兴趣爱好和特长得到良好的培养和充分的发挥。在一个健全的集体中，学生的不良习惯及意识也比较容易克服，因为集体的优良作风对学生思想品德的形成和发展能起到巨大的促进作用。要充分调动学生的积极性、创造性，设法激发学生的思维兴奋点，组织开展丰富多彩的集体活动，在集体活动中教育、培养每个成员的集体主义精神，通过各项活动积极发挥和发展学生的才干及特长，使活动和教育融为一体。

（四）建设科学的学生管理评价体系

为衡量高校学生管理的实际效果，需要建立一个科学合理的多元化管理评价体系，以便对高校学生管理情况进行客观公正的评价。

1. 构建多元化的学生管理评价主体

从学校外部来看，高校学生管理评价的主体主要包含政府（教育主管部门和用人单位两个），被评估的对象均为高校。从学校内部来看，高校学生管理评价的主体则包括校领导、职能部门、系或学院等二级单位、辅导员、学生和实训基地六个。

（1）外部评价主体。教育主管部门主要关注高校的综合实力并通过高校的评估工作对学校进行全面的评估、评价，重点对学生管理模式中的素质教育、学生管理的基本情况、就业率和社会声誉四个指标进行评价。用人单位则主要关注高校毕业生的整体能力和职业素质或职业操守，重点关注学生的综合素质指标，并可对毕业生质量和学校的社会声誉进行评价。

（2）内部评价主体。作为高校的校领导，既可对所有的学生管理评价指标进行评价，又可对负责学生管理工作的中层干部及其工作业绩进行评价；实训基地应对学生在实训基地的表现情况进行评价，作为学生综合素质指标中的重要组成部分；职能部门及二级单位则可对学生的综合素质情况进行评价；二级单位与学校职能部门可以相互评价；学生可对二级单位及学校职能部门的工作情况进行评价。

2. 设置多元化的学生管理评价指标

鉴于教育主管部门对各高校的评估工作已经有了完善的流程、成熟的方法和健全的指标，因此在这里暂不对主管部门的评价指标进行探讨。而高校学生综合素质的评价指标可以满足用人单位的关注需要，因此下面仅对内部评价主体的评价指标设置进行探讨。

高校在设置评价指标时，要按照分层设置、全面公平的原则来确定指标设置的总体架构，同时又要兼顾阶段性操作原则，如学期考核和学年考核相结合，考虑考核指标可以实现量化考核与定性考核相结合的原则，同时兼顾各评价主体均可参与考核的原则。

由于各高校的具体情况不同，因此暂不对学生管理模式评价体系的整个评价指标设置进行详细阐述，而是将以学生为评价对象的学生综合素质的评价指标设置作为例子进行说明，以便阐述管理模式评价指标的设置思路和方法。结合高校学生在实训基地工作的时间较长、社会对高校学生的技能要求等要素，著者认为高校的学生综合素质评价指标体系应分三级设立，才能全面反映学生的思想道德素质、身心素质和专业素质，即学生综合素质的一级指标为道德、心智、技能等，在每个一级指标下再设置二级指标和三级指标。

按照上述原则，著者对目前执行的学生综合素质评价体系进行研究后，提出如下优化、改进建议：一是在技能考评方面，降低学生在校成绩比重（考试课成绩的比重由80％降低为50％、考察课成绩的比重由20％降低为10％）、增加学生在实训基地的职业技能评价（将其占比确定为40％）；二是在心智考评方面，增加学生心理素质测评指标，以鼓励学生全面发展；三是对考核指标进行微调。

（五）推行精致化管理新模式

精致化管理是当前管理科学领域的一个重要思想，针对学生管理的复杂性，提出精致化管理有助于提高学生管理的整体质量，同时也是改善和提升学生管理工作效果的一项重要手段，为创新学生管理工作提供了重要思路。

精致化管理起源于日本，是一种企业管理的理念。它主张最大限度地减少管理所占用的资源和降低管理成本。这一思想已经广泛应用于很多管理学的领域。它在常规管理的基础上，更加强调管理内容的细节化和精细化。在提升组织整体执行能力的过程中，精致化管理是一项十分重要的手段，其实质就是将任务具体化和精细化，它是一种对战略和目标分解细化和落实的过程。在精致化管理中，组织的战略规划被贯彻落实到管理过程的每一个细微的环节中，并且让每个环节都发挥作用。

精致化意味着精益求精。高校学生工作精致化管理就是要运用精致化理论，将高校学生管理做细。具体来说，就是能够了解每一名学生的状态，激发每位学生的潜能，使每位学生都能够找到适合自己发展的道路。要做到这一点非常不容易，因为高校学生的特点之一就是具有多样性。要做到精致化管理，需要在大学生培养的所有环节中都做到细致入微，这需要全员的参与，包括学生管理工作人员和任课教师。精致化管理是一种高度，体现在大学生培养教育的每个细节当中。

精致化管理是学生管理模式的创新。它强调学生管理工作的可持续发展，对学生和教师都提出了更高的要求，需要师生的密切配合和共同努力，从细节着眼，最终实现整体的共赢。精致化管理是适应新时代要求的管理模式。高校学生精致化管理充分体现了当代高等教育改革的重要发展趋势。与以往的管理模式不同，精致化管理强调学生个性的发展，承认学生的差异性并致力于满足每一位学生的要求。

相比于传统死板的管理模式，精致化管理能够极大地调动学生的积极性和内驱力，使学生具备较强的创新能力和社会适应能力。高校学生精致化管理的最大特点在于，它充分借鉴了科学管理模式，不是单方面地趋向于某一种管理方式，而是注重个体差异的，强调以人为本的。现在的大学生多为“00后”，与以往的大学生相比，他们接触到的信息量更大，他们的思想也更加多元化，即便是同龄的学生、生活与成长的环境相似，其世界观、人生观、价值观也可能迥然不同，这就给学生管理工作带来了很大的困难。以往一刀切的传统模式，如果用在现在的大学生身上，势必会遏制一部分学生个性的发展。运用精致化管理的理念，可以引导大学生追求正确的价值观，促进学生自我发展、自我服务和自我完善。

精致化学生工作管理模式需要着力坚持“以人为本”的学生管理理念，是“以人为本”理念在高校学生管理中的生动体现，它要求做到“一切为了学生、为了一切学生、为了学生的一切”，把学生放在最重要的位置上。学校的根本任务是培养对祖国、对社会有用的人才，也就是培养综合素质过硬的学生，因此不管是学校的什么工作，都要以学生的培养工作为中心。要贯彻落实精致化管理，需要科学制定精致化学生管理制度，保证在整个执行的过程中做到有章可循、有章可依。要做到制度精致、准确，针对学生管理工作中可能出现的情况做好预判，力求保证管理过程井然有序，依靠制度来管理和约束学生。

精致化管理具有特殊性，在落实精致化管理时，要加强人员队伍建设，这包括学生管理人员队伍建设和学生干部队伍建设。要充分发挥辅导员和学生干部的作用，切实了解每一位学生的情况，包括其家庭条件、行为习惯、学习能力、经济状况、个人素质、个人特长、情感状况、心理状态等，并且针对学生的具体情况进行分析，找出适合学生个体发展的合理途径，并且对他们今后的发展开展必要的跟踪调查。这个工作量非常巨大，因此需要培养有力的学生干部队伍来辅助辅导员和学生管理工作人员来做工作。

第三章

高校学生管理的机构设置与队伍建设

第一节 高校学生管理机构的设置

一、高校学生管理机构应遵循的原则

一般来说，设置大学生管理机构应遵循的原则主要有以下几个方面。

（一）系统整体的原则

大学生管理工作是学校这个大系统中的一个重要支系统，这个支系统的管理目标与学校的培养目标是一致的，即“维护高等学校正常的教学、工作和生活秩序，保障学生身心健康，促进学生德、智、体、美诸方面发展”。具体地说，就是要对学生的思想品德、专业学习、体育锻炼、劳动实践、课余活动、行为组织、生活起居、分配就业等问题进行全面管理。因此，大学生管理系统是个多因素、多层次、多系列、多功能组成的结构群体。这个结构群体中的各要素、各系统、各层次间存在必然的内在联系，要素和结构整体是不可分离的。整个大学生管理系统组织结构中设置的任何一个部门，任何一个管理层次，任何一个管理序列，都必须注意它们之间的功能联系及其同整体管理效能的关系。否则，将会导致整个系统管理作用的减退和管理功能

的紊乱。因此，设置大学生管理机构必须依据系统整体原则，深入分析了解各学生管理机构和它们的构成因素在整个学生管理工作中的地位和作用，以及分析它们之间的相互依存、相互制约、相互促进的关系，寻求学生管理机构的最佳组合，将各级、各类、各环节的学生管理活动协调于学生管理系统的整体行为之中，不断推进大学生管理向机构体系最佳状态发展。

目前，我国绝大部分高等学校内部领导体制是党委领导下的校长分工负责制。大学生管理的机构设置从系统整体这一原则出发，就必须做到设立的管理机构系统与学校内部领导体制相适应，避免学生管理工作因多头领导而造成指挥系统紊乱。同时，要注意消除机构重叠、工作重复的弊端。至于职能分散，则是在某些机构完成同样的职能时反映出来的。当然，另外一种情况同样是系统整体原则所不容许的，即某种职能总是从机构所担负的责任中漏掉，或者被排斥在所设置的机构之外。只有依照系统整体原则来设置学生管理机构，使各机构职能范围清楚、责任明确、功能彼此相对独立而互补，才可能建立一个从上到下的强有力的工作系统，从而有利于避免学生管理工作中多中心的混乱状态，达到对学生的成才全过程进行有秩序管理的目的。

（二）层次制与职能制结合的原则

层次性是所有事物组成的普遍规律。高等学校的大学生管理系统中有校、系、年级、班、组这样几个层次，层次制指的就是学校这种纵向划分的方法。职能反映的是管理机构的各个系统可能的活动领域，反映的是某些性质不同的工作的集合，这些工作的开展为实现系统的最终目标提供保证。

从学校一级来看，学工委办公室（学生处）、教务处、总务处、宣传部、团委等就是职能单位，在学生管理系统中，它们从不同的角度对学生进行管理。考查合理的学生管理机构设置，应该主要从职能制角度出发，但也不能忽视层次制。在设置学生管理机构时，必须考虑到，在其他条件相同的情况下，层次的增加会导致所需处理的信息量的扩大、领导者的负担过重、系统内活动相互配合的困难增加。而且随着管理层次和每一层管理内容的增加，还会因管理过程复杂化而造成效能下降。

目前我国大学生管理机构设置的普遍情况是层次越高，职能制单位越多；层次越低，职能制单位越少，但直接管理的对象却越多。因此，在机构设置时要有全局观点，考虑到上下左右的联系沟通；要使机构减少到最低限度，便于在低层次中建立起相应的机构；要使职能制与层次制相结合、互相补充，从而取得最佳管理效果。

（三）职、责、权相一致的原则

机构设置与人员配备坚持职、责、权相一致的原则，是发挥部门职能作用和使其协调一致的关键问题。职是职务、职能，责是责任，权是指依据职能、任务所赋予的权力。职责应有明文规定，并与权相一致。

明确每一机构的职能，并使在其中任职的工作人员的技能水平和能力与职能相匹配是非常重要的。要严格地确定和分配职能以保证各机构对自己所完成的全部任务负责，并达到精简不必要机构的目的。在设置机构和安排职务时应该本着任人唯贤和人能相称的原则，因事而择人，安排适当人员，合理地分配任务，使职责统一，并按履行责任的需要授予相应的权力，做到各个机构、各个部门都要有分工负责，要从上到下建立岗位责任制。明确各管理层次和职能的职责范围、权力界限，使每个工作人员都能各司其职，各尽其责，各善其事。而且要严格岗位责任制的考核，以纠正过去职责不清、赏罚不明的现象，形成一个有效的、有秩序的学生管理新格局。

需要注意的是，在职责过分具体化和工作人员任务过于狭窄的情况下，也会束缚他们主观能动性的发挥，甚至在发生突发事件时，丧失有效管理的可能性。因此，对于每一个机构和每一个工作人员来说，责权一致过程中重要的是要确立他们所履行的职能的适宜性和特殊性程度，这同样是保证管理机构符合责权一致原则的前提。

（四）集中管理与民主管理相结合的原则

集中管理与民主管理可以说是当代大学生管理的两个不可分离的组成部分，它们互为前提。只有高度集中，学生管理工作才能有高效益，但也只有充分发扬民主，才能更有利于保证管理过程的高度集中。因此，大学生管理的集中化和民主化的相互关系在管理机构实际履行职能过程中得以体现，它在很大程度上决定着能否达到系统所要实现的目标。集中管理的主要任务是根据学生管理工作的特征，做出统一的管理战略决策。

在垂直联系的系统控制之下，学校最高层领导人的责任范围不适当地扩大，他们不仅被授权做出管理战略方面的决策，还要参与具体管理活动，因此留给他们处理重大问题的工作时间很少。随着学生管理系统复杂化程度的提高和管理信息量的扩大，具有较强机动性特点的较低层次，尤其是系一级的学生管理活动就日益具有更大的价值。

因此，集中管理与民主管理相结合的意义就在，在设置或调整学生管理机构时，使管理机构内部的权力和责任进行了相应的重新分配，尽可能地把战略性职能和协调性职能与具体的管理活动分开；在形成或改造管理机构的过程中，调整了不同层次机构在学生管理工作中的参与决策、实施管理方面的作用。

集中管理与民主管理相结合的另一个意义是，在设置大学生管理机构时，建立了符合民主原则的管理机构和管理制度。过去有的学校对学生管理效果不佳的重要原因就是，没有遵循民主管理原则，把学生当成消极被动的管理对象，在工作中单纯采取限制、压制和惩办的手段。要保证民主管理的实现，就必须通过不同的形式，吸收学生参与管理，使学生会和学生代表大会等学生自己的组织真正成为学生管理工作的有效监督系统和反馈系统，甚至在一些学生管理机构中也可吸收学生代表参加。这样，可以形成大学生管理机构系统在集中领导下的民主气氛，使学生管理工作达到最佳管理效果。

(五) 因校制宜的原则

大学生管理机构设置方式在不同的学校，因其所处的社会环境，自身的历史发展，学校的类别、任务、规模、条件、学生来源、领导力量、管理人员素质，以及校风、学风等各种因素的差异，不可能达到相同的管理效果。即使是同一学校、同一机构内，因管理者的素质及工作作风的不同，也可能产生各具特色的、多样化的管理效果。因此，各校学生管理机构的设置，只能因地制宜，因校制宜，在统一要求下，从实际出发，实事求是，根据工作需要，研究设置管理机构。一般来说，中等规模的学校与小规模学校的机构相比，可能更需要一种完善的学生管理机构，而大规模学校的机构则更应该从上到下地加以周密考虑。组织机构的设置，各校可根据教育部划定的大原则、大框架结合本校自身特点，进行慎重而周密的试验，不断总结经验，不断探索，逐步摸索出适宜本校并能达到最优管理的学生管理机构设置方案。

二、大学生管理机构的结构形式与设置

大学生管理机构的结构形式从理论上可以归纳为“直线型”“职能型”“直线-参谋型”“直线附属型”“矩阵型”等。目前，多数学校采用的是“直线-参谋型”和“矩阵型”。

“直线-参谋型”大学生管理机构就是把大学生管理人员划分为两类：一类是直线指挥人员（如校、系负责人），他们拥有对较低层次学生管理部门实际指挥和命令的权力，并对该组织的工作负全部责任；另一类是职能管理人员，他们是直线指挥人员的参谋，作为直线领导的参谋和助手，他们只能对指挥系统中的下一级管理机构进行业务指导，而不能对他们直接进行指挥和命令。

“直线-参谋型”大学生管理机构的最大优点是上下级关系很清楚。这种结构形式中的职能机构，是按照一定的职能分工，担负着学生思想、教学、行政、生活等方面的管理任务，职能机构通过各自分管的学生管理任务，对有关管理工作起着业务指导和保证作用。具体说来，职能机构担负着以下职责：向领导提供有关情况和报告，提出建议和方案，供领导决策时参考；监督下级机构对上级领导的指示、命令和有关计划的执行情况，以便更好地贯彻领导的指示和意图；协助各级领导，具体办理有关学生管理业务，为下级管理机构创造完成任务的条件，在业务上指导和帮助下级组织。

由于“直线-参谋型”大学生管理机构的领导关系简单，能始终保持集中统一指挥和管理，避免了机构系统中多头指挥和无人负责的现象，因此学生管理方面出现问题可以一级找一级直到问题解决；同时，各级领导人员有相应的职能机构做参谋，可以充分发挥其职能管理方面的作用。但是，事物之间除了纵向联系外，还存在着横向联系，“直线-参谋型”大学生管理机构在实际执行中也存在着明显的矛盾。

因结构形式的客观原因，在一系列组成单位中不得不分散管理职能，这样，当管理建立在把一切工作形式明确地独立出来和对职能有明确分配时，这种管理活动的每一个参与者就都能够明确目标。然而，虽然它们都是按照学校统一计划、统一部署进行工作，但因分管不同业务，观察和处理问题的方法、角度各有侧重，彼此间往往会产生矛盾。此外，在这种结构形式中，垂直联系高于一切，解决与战略任务并存的、大量的具体管理问题的任务和权力聚积在上层，这些具体问题经常压倒一系列长远任务，而且使系统发展过程中所产生的新任务的解决变得困难。

因此，需要有这样一些管理机构，它们能较好地在学生管理系统中发挥作用，能在较特殊的情况下有效地协调各方面的职能，而“矩阵型”大学生管理机构就是这样一种结构形式。这种结构形式，不是从现有的隶属等级立场出发，而是集中在所有形式的管理活动整体化和改进这些活动形式的协调动作上。因为只有这样，才能有效地促进管理目标的实现。例如，为了加强对学生的思想政治教育及对学生的全面管理，为了开展评先奖优活动，在党委和校长领导下成立的学生工作委员会、奖学金评定委员会、毕业生分配委员会、群众体育运动委员会等，都是按照专项分工，把各职能部门工作从横向联系起来，形成全校学生管理工作的矩阵组织结构。

“矩阵型”大学生管理机构的特点：纵向的是“直线-参谋型”组织形式，按层次下达任务，各有关职能部门按其职责范围，分别按层次贯彻学校的学生工作计划；横向则是由职能部门抽人组成的、按其专项任务分工的组织，这些组织中的人同时接受职能部门主管和专项主管的双重指挥。

在这种结构形式下，原有管理结构仍然是完整的，但实质上，管理结构的权力关系和各个部门的职责却发生了变化，即把做出决定的责任和对执行情况的监督归为专项工作，职能部门从系统所要求的信息、管理工作的实施和其他方面来保证系统实现其管理效果。这样学校领导可以从一些非原则性的日常问题中摆脱出来，并能提高管理结构的中间层、较低层次的灵活性。

在具体机构设置方面，我国各大学的学生管理机构设置是多种多样的。传统的机构设置方式是党委、行政并行发展。有的学校在党委领导下设立学生工作部作为党委管理学生工作的职能部门，力图把学生管理工作统一抓起来。但由于学生工作部是党委分管思想教育的职能部门，不具备行政管理功能，因此招生、学籍管理、毕业分配等具体的学生管理工作仍需由行政系统的教务处、人事处等负责，结果形成一场学生管理“接力”，即教务处负责把学生招进学校，然后学生工作部组织实施思想政治教育，最后人事处来进行分配。

有的学校则设立学生工作处作为分管校长下属的从事学生管理工作的职能机构，把学生从入校到毕业分配全过程的管理工作统一起来。但在目前我国高校实行的校长分工负责制体制下，设置学生工作处也未能解决思想政治教育与管理工作脱节的问题，而且有时还会以管理代替教育，削弱学生的思想管理工作。因此，有的学校直接采取学生工作部与学生处并存，甚至采取合二为一的机构设置方式。这样的机构设置，从整体来讲，学生工作高度集中统一，思想教育与学生管理融为一体，工作效能比较高。但是，这种党政合一的机构设置也存在某些不合理因素，而且作为一个职能部门，试图把分散、多头的学生管理工作统一起来，在客观上仍然是较难做到的。

在最近几年，有的大学出现了由党委和校行政委派组成的一个专司学生工作的综合性机构——学生工作委员会。它的主要职责是对学生管理工作进行整体协调，对学生的思想管理、学籍管理、行政生活管理等管理工作进行决策，对学生工作的经验进行总结、交流、推广。在学生工作委员会下设办公室（或学生工作处）作为自己的办事机构，该办事机构能使学生工作委员会这个综合性机构处于相对稳定状态，并把各职能部门所承担的学生管理工作整体化，形成一个紧密联系的、封闭的管理体系。

根据这一指导思想，各系成立相应的学生工作领导小组，全面领导和协调本系范围内的学生管理工作，各年级成立由辅导员、班主任及有经验的任课教师参加的学生工作小组，协调本年级的学生管理工作。通过校、系和年级学生工作委员会和领导小组的作用，把传统的以纵向直线为主的管理系统，分层次地从横向上联系起来，形成学生管理机构的矩阵型结构形式。部分大学经过实践，感到这种学生管理机构设置有四个方面的好处：第一，符合简政放权原则；第二，学生管理工作有了一个强有力的统一指挥机构，整个学生管理工作的计划、实施、检查、总结成为一个体系，符合科学管理原则；第三，大大减少了管理上的一些不好现象，符合高效管理原则；第四，信息反馈比较灵敏且方向稳定。

学生工作委员会与职能部门固定机构相结合的大学生管理机构设置，在实践中表现出了它的优势，其很可能是我国大学生管理机构设置的发展趋势。如何充分发挥所设学生管理机构在新时期大学生管理工作中的作用，还有待于在管理实践中不断完善。

第二节　高校学生管理队伍的建设

一、高校学生管理队伍建设的重要性

（一）符合高校培养人才及自身发展的客观要求

目前，高校学生接收信息的渠道很广，他们知识较宽、学习能力较强，再加上社会环境比较宽松，为学生的个性张扬、个人权利的保护和体现提供

了条件。但是，现在的大学生基本上是独生子女，从小学到大学，一直生活在校园中，相对而言他们的社会生活能力较弱。这些年，由于高等教育的大幅度扩招和毕业生就业压力的加大，尽管现在的学生拥有父辈不可能拥有的物质条件，但是他们却很难找到上几代大学生拥有的天之骄子的幸福感和成就感，他们的压力很大、失落感较强，甚至有时会迷茫、无所适从。他们急需得到心理健康、人际交往、社会适应、人生规划等方面的指导，迫切需要得到他人的关心和帮助。

纵观高校现状，只有不断加强高校学生管理工作队伍建设，才能适应培养人才的客观需要。高校学生管理队伍是高校学生日常管理和教育的主体，但目前这支队伍的现状不容乐观。目前，大部分人管理的学生超过教育部规定的标准，但是他们的收入并没有因为超负荷工作而改善，也没有得到培养或者培养不足。他们中的大部分人员对目前学校和院系的培养、使用、发展和晋升政策不太满意或非常不满意。

学生管理队伍是学校重要的一支力量，如果把学校的发展比作一辆车，那么学生管理就是与教学、科研、后勤工作一起共同构成车的四个轮子，满载学校这辆车向前行驶。但从目前情况来看，高校学生管理队伍存在的问题还很多。因此，为了使这支队伍更加的稳定、更好的发展、素质不断提高，必须采取有效的措施加强学生管理队伍的建设。

（二）为高校学生管理提供组织保证

1. 建立素质高专业强的管理队伍

素质高专业强的管理队伍要求做到“政治强”“业务精”“纪律严”“作风正”四个方面。

“政治强”即要求学生管理工作者打好理论根底，具有坚定的共产主义信仰，具有正确的世界观、人生观、价值观，具有较高的马克思主义理论素养和政策理论水平。

“业务精”即要求学生管理者夯实知识的知识基础，学习并熟练掌握学生工作基本理论，掌握党的基本知识、基本理论，熟悉学生思想政治状况和学生成长成才规律，做到既懂政治，又学识渊博。当前，学生管理者尤其要掌握教育学和心理学知识，能够为大学生提供心理咨询服务和开展心理健康教育活动；要掌握就业指导方面的知识，能够引导学生树立正确的择业观和指导大学生健康择业。

“纪律严”即要求学生管理者夯实政策法规纪律的知识基础，牢牢掌握党的路线、方针和政策，掌握国家的法律法规，不断增强纪律观念，在思想上、行动上始终同党中央保持高度一致。

“作风正”即要求学生管理工作者打好群众观点根底，注意发扬民主，尊重人、理解人、关心人，平易近人、耐心细致，赢得学生的尊重和信任，还要注意培养高尚的道德情操和崇高的人格，依靠自己的人格力量，增强教育工作的说服力和感染力。

大学生是民族的希望和未来，把他们培养成为社会主义合格的建设者和接班人是高校的职责，只有按照“政治强、业务精、纪律严、作风正”的要求来加强高校学生管理队伍建设，才能承担起培养学生的历史重任。

2. 影响大学生管理的成败与新局面开拓

高校学生管理队伍是学生管理的直接组织者和担负者，学生管理工作的成败得失在很大程度上取决于队伍建设。加强和改进学生管理工作，必须切实加强队伍建设，要认真解决在学生管理队伍中存在的数量不足、结构不够合理、思想不够稳定、超负荷运转、重使用轻培养等问题；必须切实落实中央和各级有关学生管理队伍建设的有关文件精神，根据形势和任务的需要，按照以专职为主，专兼职相结合的原则，主要在品学兼优的硕士研究生，以及本科优秀毕业生、优秀中青年教师中补充学生管理人员；要不断优化队伍结构，统筹规划，合理安排，保证学生管理者的学习培训，提高学生管理者的素质；要实行倾斜政策，保证学生管理者的职称、职级、评优、收入等福利待遇；要建立和完善学生管理者的考评体系，明确职责、规范要求、强化管理、严格奖惩，保证学生管理者的主要时间和精力真正投入在学生工作上。只有建设一支思想素质好、理论素养和政策水平高、业务能力强、信得过、靠得住、特别能战斗的学生管理队伍，才能不断开拓高校学生管理的新局面。

二、高校学生管理队伍建设的要求

（一）对高校学生管理者的素质要求

学生管理者要培养和造就高素质人才，自身必须具备较高的政治思想素质，合理的知识结构和较强的能力素质，并有较完善的自我形象和人格力量等。概括而言，高校学生管理者应具备以下几个素质。

1. 思想素质

（1）正确的思想意识。正确的思想意识即要树立社会主义思想意识，掌握马克思主义科学体系，自觉地传播社会主义、共产主义思想，牢记全心全意为人民服务的宗旨，正确处理个人利益与社会利益、集体利益和他人利益的矛盾关系，在实践中不断培养和发扬社会主义和共产主义的精神。

（2）科学的思想方法。科学的思想方法即要掌握马克思主义哲学的基本观点，提高自己认识问题、分析问题和解决问题的能力，运用马克思主义立场、观点和方法指导学生的教育管理工作。

（3）严谨的思想作风。严谨的思想作风即要有实事求是的思想作风，尊重客观事实，一切从实际出发，按照教育教学管理规律办事。

2. 政治素质

（1）坚定的政治方向。政治方向就是为实现工人阶级的根本利益而必须遵循的政治要求。它是实现共同理想的保证，是建设中国特色社会主义的精神支柱和力量源泉。高校学生管理者无论是在何时何地都要自觉地坚持社会主义的政治方向，做一个坚定的、清醒的社会主义的捍卫者和引路人。

（2）鲜明的政治立场。鲜明的政治立场即要始终站在广大人民的立场上来观察问题和处理问题，坚决维护党和人民群众的利益，为绝大多数人民群众谋利益。

（3）较强的政治原则。较强的政治原则即要坚持党性原则，革命性、科学性和实践性原则，自觉地为社会主义事业、为人民群众的根本利益而奋斗。

（4）坚定的政治信仰。人的信仰是原则性和坚韧性的基础。只有树立了崇高的政治信仰，才能产生强大的内驱力，以坚持不懈的意志和毅力去从事伟大的事业。

（5）良好的政治品质。良好的政治品质即要忠于党、忠于人民、忠于社会主义祖国，热爱真理、追求真理、坚持真理、服从真理，廉洁奉公、公正无私、襟怀坦白、光明磊落、表里如一、言行一致。

（6）较高的政策水平。高校学生管理者只有正确地掌握党的路线、方针、政策，才能通过教育管理活动引导广大学生认真贯彻执行党的路线、方针、政策。

3. 道德素质

（1）科学的道德认识。科学的道德认识是道德行为和道德习惯的先导，是形成道德品质的最基本的条件。高校学生管理者要在了解和掌握社会主义的道德价值体系的基础上，按照社会主义道德体系的要求和规范提高自己的道德修养。

（2）高尚的道德信念。道德信念较之道德认识、道德行为和道德意志，具有综合性、稳定性和持久性的特点。它在道德品质形成中居于主导地位，是道德认识转化为道德行为的重要精神力量。高校学生管理工作者应该确立高尚的社会主义、共产主义道德信念，具有真诚信仰和强烈的责任感。

（3）优秀的道德品质。优秀的道德品质是道德认识、道德情感、道德意志、道德信仰、道德信念、道德行为的集合体。高校学生管理工作者要树立优秀的道德品质，以自己的实践活动体现社会主义、共产主义的道德情操。

4. 心理素质

（1）坚忍的意志品格。作为高校学生管理者，必须具有强烈的事业心和进取心，高度的热情和主动负责精神，坚定的信念和自信心，强烈的责任心和荣誉感。只有这样，才有克服困难的勇气，在困难面前具有坚韧的忍耐力和坚定的毅力，面对成功与失败、顺境与逆境都能沉着稳定，善于控制自己的情绪、保持冷静。

（2）开放稳重的性格特征。高校学生管理者要善于培养开放性、稳重而富有吸引力的性格特征，在教育实践中做到一丝不苟、踏实认真，在待人处事中要开朗热情、诚恳友善、乐于助人、严于律己、宽以待人。

（3）良好的心境。心境是一种比较持久的、稳定的、影响人的整个精神活动的情绪状态，对人的生活和工作有很大的影响。一般而言，积极、良好的心境有助于充分发挥自己的积极性与创造性，提高工作效率；相反，消极不良的心境则容易使人厌倦、悲观、消沉孤僻。因此，高校学生管理者应当学会做心境的主人，使自己经常保持舒畅、乐观、开朗的良好心境，以利于有效地开展工作。

（4）广泛的兴趣爱好。高校学生管理者要具有广泛的兴趣爱好，以便在工作中与学生打成一片，寓教育于娱乐当中，使思想性、教育性与娱乐性融为一体，通过健康活泼的集体娱乐活动，潜移默化地影响学生的思想政治品德，达到提高学生思想政治觉悟和认识能力的目的。

5. 知识素养

（1）牢固的理论知识。作为高校学生管理者，要认真学习和掌握马克思列宁主义。

（2）扎实的专业知识。高校学生管理者的专业知识主要指思想政治教育学的基本理论和工作业务方面的知识。掌握专业知识，有利于提高高校学生管理者的业务能力和专业水平。

（3）广博的相关学科知识。高校学生管理者要掌握心理学、教育学、伦理学、政治学、社会学等相关学科的理论知识。同时，还要熟悉和了解与学生管理联系较为紧密的相关知识，如经济学、法学、历史学、美学、思维科学中的语言学、逻辑学、统计学和现代科学技术知识、电脑操作知识等，高校学生管理者懂得的知识越多，对工作越有利。

6. 能力素质

（1）组织管理能力。组织管理能力主要包括调动和组织各方面的能力；收集、整理各种思想信息，制订计划，并选择时机实施计划，有较高的决策能力；熟练自如地独立组织各种思想政治教育活动的能力；具有创造良好的谈心气氛，掌握谈心技巧方面的能力；运用各种措施，通过民主管理激励学生参与管理的积极性的能力；等等。

（2）分析研究能力。高校学生管理者要有较强的调查研究能力，善于接触、观察、了解、分析问题，并做出正确的判断；要有较高的理论研究分析能力，善于结合实际运用思想政治教育的基本理论解决实际问题，并在实践中不断发展思想政治教育的科学理论；要有较强的逻辑分析能力，能够运用演绎法、归纳法及科学的思维方法对经验进行归纳总结，对问题进行综合分析，从中得出正确的结论，并把它上升为理论，指导实践活动。

（3）语言表达能力。语言表达能力包括文字表达能力、口头语言表达能力和动作语言表达能力三个方面。高校学生管理者要有较高的动作语言表达能力，善于根据不同的场合和不同的对象，巧妙地运用动作姿势语言（如手势、眼神、面部表情等），向学生暗示或阐明自己的工作意图。

（二）对加强高校辅导员与班主任队伍建设的要求

1. 重视高校辅导员与班主任队伍建设的必要性

中共中央、国务院发出的《关于进一步加强和改进大学生思想政治教育的意见》（以下简称《意见》）强调指出，大学生是十分宝贵的人才资源，是民族的希望，是祖国的未来。加强和改进大学生思想政治教育，提高他们的思想政治素质，把他们培养成中国特色社会主义事业的建设者和接班人，对于全面实施科教兴国和人才强国战略，确保我国在激烈的国际竞争中始终立于不败之地，确保全面建成小康社会、加快推进社会主义现代化的宏伟目标，确保中国特色社会主义事业兴旺发达、后继有人，具有重大而深远的战略意义。《意见》指出，思想政治教育工作队伍是加强和改进大学生思想政治教育的组织保证。要采取有力措施，着力建设一支高水平的辅导员、班主任队伍，学校要从政治上、工作上、生活上关心他们，在政策和待遇方面给予适当倾斜。

为全面贯彻落实《意见》，《教育部关于加强高等学校辅导员、班主任队伍建设的意见》和《普通高等学校辅导员队伍建设规定》指出，加强辅导员、班主任队伍建设是加强和改进大学生思想政治教育的重要组织保证和长效机制，对全面贯彻党的教育方针，把大学生思想政治教育的各项任务落到实处，具有十分重要的意义。教育部要求各高校要认真做好辅导员、班主任的选聘配备工作，保证每个院（系）的每个年级都有一定数量的专职辅导员，同时每个班级要配备一名兼职班主任。同时，教育部要求各地教育部门和高校要制定辅导员、班主任队伍的培训规划，建立分层次、多形式的培训体系；要创造条件，积极组织辅导员、班主任参加社会实践和学习考察，提高解决实际问题的能力；要为辅导员、班主任工作和发展创造必要条件，提供政策保障。

国家的大政方针一方面充分肯定了高校学生管理工作队伍的作用，将这支队伍建设的重要性上升到能够促进和保障科教兴国和人才强国战略的实施的高度，上升到中国特色社会主义事业的兴旺发达和后继有人的高度；另一方面明确提出了这支队伍建设和培养的具体方向。

2. 加强高校辅导员与班主任队伍建设的意义和要求

(1) 加强辅导员、班主任队伍建设的重要意义。辅导员、班主任是高等学校教师队伍的重要组成部分，是高等学校从事德育工作，开展大学生思想政治教育的骨干力量，是高校学生日常思想政治教育和管理工作的组织者、实施者和指导者，是大学生健康成长的指导者和引路人。

(2) 高度重视辅导员、班主任队伍的选聘配备工作。辅导员、班主任工作在大学生思想政治教育的第一线，在思想、学习和生活等方面负有指导学生、关心学生的职责。高等学校要高度重视辅导员、班主任的选聘，必须坚持政治强、业务精、纪律严、作风正的标准，把德才兼备、乐于奉献、潜心教书育人、热爱大学生思想政治教育事业、接受过系统的上岗培训并取得合格证书人员选聘到辅导员、班主任队伍中来。要在保证数量的基础上，不断优化结构，提高辅导员、班主任的工作能力和水平。

(3) 明确辅导员、班主任的工作要求和工作职责。辅导员、班主任的工作要求：一是认真做好学生日常思想政治教育及服务育人工作，加强学生班级建设和管理；二是遵循大学生思想政治教育规律，坚持继承与创新相结合，创造性地开展工作，促进学生健康成长与成才；三是主动学习和掌握大学生思想政治教育方面的理论与方法，不断提高工作技能和水平；四是定期开展相关工作调查和研究，分析工作对象和工作条件的变化，及时调整工作思路和方法；五是注重运用各种新的工作载体，特别是网络等现代科学技术和手段，努力拓展工作途径，贴近实际、贴近生活、贴近学生，提高工作的针对性和实效性，增强工作的吸引力和感染力。

(4) 大力加强辅导员、班主任队伍的培养培训工作。这是加强辅导员、班主任队伍建设的关键。要重点组织辅导员、班主任学习时事政策，学习管理学、教育学、社会学和心理学以及就业指导、学生事务管理等方面的知识，组织辅导员、班主任开展与工作相关的科学研究，不断提高辅导员、班主任的思想政治素质和业务素质。要制定并落实辅导员、班主任参加实践锻炼的具体办法，创造条件，积极组织辅导员、班主任参加社会实践和学习考察，使他们开阔视野，拓展思路，提高解决实际问题的能力，增长做好思想政治教育工作的才干。

(5) 切实为辅导员、班主任工作和发展提供政策保障。制定促进辅导员、班主任工作和发展的政策，是加强辅导员、班主任队伍建设的保障。要切实解决好辅导员评聘教师职务问题，根据辅导员岗位职责要求，进一步完善相应的专业技术职务评聘和辅导员、班主任的考核制度，定期对辅导员、班主任进行工作考核。

要完善辅导员、班主任评优奖励制度。将优秀辅导员、班主任表彰奖励纳入各级教师、教育工作者表彰奖励体系中，树立辅导员、班主任先进典型，宣传他们的先进事迹，充分肯定辅导员、班主任在大学生思想政治教育中的贡献。

(三) 对建设“职业化、专业化、专家化”队伍的要求

1. 符合大学生管理工作队伍建设的发展方向

专业是社会分工、职业分化的结果，是人类社会发展到一定文明程度所

必然出现的结果。从职业社会学来看，社会变革发展的一个重要特征就是许多职业都进入了“专业”的行列。“职业化”是指把学生管理工作视为一种职业，把这支队伍建设为从事这一职业的教师。“专业化”是指用思想政治教育专业的知识和理论武装这支队伍的头脑，使他们成为具有较高专业素养的人。“专家化”是指把高校学生管理者培养成为思想政治教育的专家，成为当代大学生的指导者和引路人。

一个职业是否专业，其特征与标准如下：运用专门的知识与技能；强调服务的理念和职业伦理；经过长期的培养与训练；需要不断地学习进修；享有有效的专业自治；形成坚强的专业团体。这样的专业队伍越稳定，并且出现的专家越多，对社会的进步与发展就越有利。既然职业化、专业化是社会分工的必然结果，那么高校学生管理队伍建设的方向也应该朝职业化、专业化发展，而且，从培养高素质的社会主义建设者和接班人的目标和要求来看，也必然要求高校学生管理队伍向专家化发展。

2. 促进高校学生管理队伍自身发展的需要

高校学生管理者与其他学科的专业教师一样，是高校教师的重要组成部分。学生管理工作具有很强的科学性与艺术性，在大学生教育管理中，在工作内容上，学生管理者会运用到许多涉及大学生健康成才的方方面面的知识。作为学生管理工作者，没有较高的业务素质与水平，没有比较全面的知识、能力和责任心，是不能顺利而有效地开展学生工作的。而解决这一问题的关键就是实现学生管理工作队伍的职业化、专业化、专家化，使这支队伍工作有成效、干事有平台、发展有空间，这不仅是工作的需要，也是这支队伍自身发展的需要。

3. 推进高校改革，促进大学生成才的需要

当今国际社会呈现出“政治多元化、经济全球化、文化多元化、信息网络化”的新趋势，如何应对这一新趋势，每个国家都面临着机遇和挑战。我国高校肩负着培养中国特色社会主义建设者和接班人的重任。高校学生管理队伍工作在大学生思想政治教育管理的第一线，高校的各种思想政治教育活动都要依靠他们去落实，其工作成效如何，直接影响所培养的大学生的质量。从某种程度上可以这么说，高校学生管理工作队伍的素质，决定了大学生的素质。高校学生管理队伍向职业化、专业化和专家化发展，是当今高校改革

与发展和学生成长成才的需要。

建设高校学生管理“三化”队伍，也是坚持以人为本，实施人才强国的战略思想，把高校学生管理工作队伍作为我国重要的人才资源来建设的具体体现。

三、高校学生管理队伍的选拔与培养

（一）人员选拔的意义、原则与方法

1. 人员选拔的意义

（1）搞好选拔工作是队伍建设的前提和基础。严格把好选拔关，是建设一支政治强、业务精、纪律严、作风正的学生管理队伍的关键。因此，选拔的对象应该具有为人师表的德行，这样才能在教育对象面前充分展现人格的力量，才能被教育对象所接受和信任。要具有较高的理论水平和组织协调的能力，这样才能在学生管理过程中充分发挥主导作用，促使思想政治教育的经常化、系统化、科学化。

（2）公开选拔有利于形成竞争上岗机制。在选拔中，要引进竞争机制，实行公开招聘。引进竞争机制公开选拔的意义在于：第一，应聘者是自愿的，指导思想明确，工作时就比较安心，工作中的主动性、积极性就能得到充分的发挥；第二，公开选拔对应聘者进行相互比较，选择的余地比较大，能按选拔标准招聘理想的人选；第三，提高职业地位，经过竞争选拔上岗，优胜劣汰，人们才会感觉到它的价值所在，而且这种竞争心态继续保持下去，有利于学生管理工作的开展。

（3）合理选拔人员有利于优化学生管理队伍结构。高校学生管理队伍不仅有个体素质的要求，而且有整体结构的要求，这就要求选拔时要考虑专兼比例、年龄、性别、专长、职称、学历上的补缺，促使队伍结构呈现最优状态。实践证明，队伍整体结构的合理与否，直接影响到管理工作的整体效应。所以，抓好合理选拔，促使队伍结构的优化是非常重要的。

2. 人员选拔的原则

队伍的选拔原则是队伍在选拔过程中必须遵循的具体指导思想和基本要求，它是队伍选拔实践经验的科学概括和总结。只有坚持正确的选拔原则，才能取得最佳的选拔结果。

（1）德才兼备原则。德才兼备是选拔的标准，坚持这一选拔原则，就要

正确理解和把握人才的德与才的辩证关系。在选拔过程中，一定要全面认识和评价选拔对象的表现，既不能重德轻才，也不能重才轻德，应把德与才很好地结合起来，宁缺毋滥。

（2）双向选择原则。一是要本人愿意；二是主管部门择优选拔。这两个方面缺一不可，只有互相认同，才能完成选拔任务。如果在选择中不以自愿为原则，带有一定的强制性，必然造成录用者被动地应付，无法心情舒畅地努力工作。同样，主管部门在选拔中如果没有物色到理想的人选，也不要降低标准，否则，就会影响队伍的合理结构和整体素质。

（3）择优选拔原则。择优是按照严格选拔标准和完善的择优程序录用人员的过程。执行这一选拔原则不仅要量才适用，而且要发挥其优势，不仅要合理配备，而且要注重质量。要在人员数量上体现“精干”，在人才质量上体现“高效”。

3. 人员选拔的方法

高校学生管理队伍选拔的方法有任命、推荐、招聘、考核等，这些选拔方法既可以单独使用，又可以结合使用。

（1）任命是经上级领导部门讨论、决定，指定任职。

（2）推荐是由基层经过群众评比，推荐优秀人员加入队伍，但必须得到大家的认可和上级领导部门的审批同意。

（3）招聘一般指公开张贴布告或通过媒体发布信息，招收聘请队伍的成员。

（4）考核采用笔试或面试的方式对报考对象进行考查核定。

（二）高校学生管理队伍的培养方式

1. 重视管理队伍的职业素质培训

学生管理工作辛劳清苦，责任重大，职业素质极其重要。要成为学生的人生导师，一定要内强素质，外树形象，率先垂范，言传身教。一批好教师会造就一所好学校，一个好学生管理人员会影响一批学生的未来。如果学生管理人员事业心和责任心不够强，就会对学生的成长造成不良影响。抓学生管理队伍建设要从实际出发，制订培养规划，有计划、有步骤地进行各种形式的岗前和在岗培训，强化职业道德操守；要定期安排学习考察、经验交流活动，沟通信息，促进提高。

2. 加强管理队伍的专业化学习

加强专业化建设，鼓励学生管理人员成为思想教育、心理健康教育、职业生涯规划、学生事务管理等方面的专门人才。作为一名学生管理者要按职业要求成为学生政治上的引路人、学习和生活上的指导者、心理健康的辅导者和合法权益的保护人，光有热情和爱心，缺乏专业知识的支撑，显然是不行的。高校要切实重视学生管理队伍的职业化、专业化、专家化建设，对学生管理队伍进行思想政治教育、时事政策、管理学、教育学、社会学和心理学以及就业指导、学生事务管理等方面的专业化辅导与培训，开展与学生管理工作相关的科学研究，使学生管理者成为行家里手，工作起来得心应手。

四、高校学生辅导员的管理分析

（一）高校学生辅导员管理的工作内容与工作方法

1. 高校学生辅导员管理的工作内容

1）辅导员工作的前提

明确目标是高校辅导员学生管理工作的前提。作为辅导员，欲将一个班集体引向何方，必须明确目标。一个人若缺乏事业上的追求，将会萎靡不振，一个班级若没有明确奋斗目标，将是个涣散的集体。当然，教育不能离开党的教育方针这个总目标，但是，随着学生年龄、学历的增长，生理、心理的变化，不同类型学校、不同层次班级的学生又各有特点，这些特点是辅导员开展工作的出发点。把教育方针与班级特点有机地结合起来，就形成了一个班级的奋斗目标：在党的教育方针和学校校风的指导下，在政治上积极向上，保持正确的政治方向，有积极的参与意识；在学业上，勤奋严谨，富有开拓进取精神；在道德品质、生活作风上要遵纪守法、团结奉献、文明高雅、生动活泼、有时代感，追求高尚、和谐的境界。教育过程是通过教育主体与教育客体有机结合来完成的，辅导员的设想要变为现实，必须变为学生的共识、学生的愿望。

确立明确的班级奋斗目标，对辅导员和学生都具有重要意义。在构思长远班级工作蓝图、制定学期计划、配备学生干部、进行思想教育、开展课外活动时，辅导员应避免盲目性、随意性，做到有条不紊、循序渐进。这样学生会感受到向上、和谐的氛围和凝聚力，并将在自己的潜意识中产生积极的导向作用。

2）储备干部

辅导员作为配备干部，是建设良好班风的养分。每个班级辅导员都追求良好的班风，如果说确定目标是前提，那么配备学生干部就是关键。第一，当代大学生普遍有强烈的“自我”意识，辅导员事无巨细地过问，往往事与愿违，甚至造成逆反心理。辅导员应该利用学生这种心理，变盲目的“自我”为自我管理、自我服务、自我教育（合称“三自”）。那么，通过班干部使学生更好地完成“三自”，则是他们更容易接受，效果更为理想的方式。第二，干部与学生朝夕相处，是每个学生生活细节和思想境界的知情人。如果没有学生干部，辅导员对学生的情况势必若明若暗，那么一切管理班级的思想和措施将很难转变成学生的实践。第三，学生干部多为德才兼备或具有特长者，是学生心目中的领袖，对学生有直接的感染力和凝聚力。总之，学生干部是辅导员与学生之间的“桥梁”“纽带”“信息网”和“催化剂”。所以，配备得力的干部是班风建设的关键。

班干部的选取过程必须注重以下两个方面。

第一，班干部的选取要以正直、热情、能干为基础原则。班干部必须具备大公无私、坚守底线、品学兼优的品质，尤其班干部中的骨干力量更要具备以上优良品质，才能构建一个有权威、团结的班委会，整个班级才能有正确的价值观。热情，即班干部能够主动关注班级同学，具备责任心和付出精神。班干部有热情才能积极地工作，有实际成果，不抱怨，主动学习。能干，即班干部要思虑周全，有足够能力自主处理困难，高效工作，具备积极进取精神。

第二，班干部的选取要全面考虑。首先，书面档案和实际考验相结合。在新同学中选取班干部，不仅要参照其中学的书面档案，同时也要以试用期形式进行实际考察，再择优录用，避免因学生书面档案评价夸大现实，而导致教师参照标准片面，出现选择偏差。其次，班干部的选取要通过选举和教师指派相结合来完成。采用选举的方式能够在广大同学范围内挑选更有威信力的同学，以便日后工作推进。但是，由于学年升高，学生们之间的关系并不完全纯粹，学生思考方式侧重点有所不同，只采用选举有可能会产生片面性。所以，班干部更换之前要积极以正确价值观引导大众，确保选举人能力出众。对于班委会的中心成员还是要以教师指派为主。最后，稳步发展和创新相结合。任何一个优秀班级队伍的形成和班风的构建，都离不开各位同学的相互帮助，为了能够持续发展，班干部最好能够维持稳定。部分班干部可能日常工作谨慎认真，一些认同者会逐渐流失，但为了保持原则、抚慰干部心理，还是要尽量留下这样的干部。当然，也要适时填充新鲜血液，激发班干部团队的创造力，而且，学生未来职业的特点也要求他们具备一定的组织、管理和其他社会活动能力。所以，每个学期都需要安排一次选举，填充新鲜血液。

任用班干部时，一定要关注以下两个方面。

第一，提升干部的整体技能。方法如下：确认目标、教授方法、勇于放手、仔细评判。每个学期新班委会选定之后，班级教师需要认真仔细地安排整个班级的任务目标，划分每个班干部职责范围，让每个人都提出自己工作部分的计划书，归纳整理成本学期班委会的执行方案。教师要适时地提供工作建议给各个学生干部。例如，怎样提高学生参与热情，怎么举办社会调研活动等。班级干部工作能力的提升，要依靠在实际工作中的不断磨炼，因此教师要勇于放手，鼓励学生自主完成。对于每个班干部，都要仔细评判，这样能够让学生明确自身优势，找出不同点，吸取工作中的成功经验和失败教训，这也是提升班干部技能的重要方法。

第二，呵护班级干部。教师要鼓励积极参与者，适时举荐能力出色者，对于工作失误者要及时指导。拥有积极参与精神的干部，班主任要全力支持，积极参与他们举办的各类活动并积极协助，对于讲原则、正直的班干部要尽力呵护，避免班干部被同学冷落的情况出现，彼此不配合，损害班干部的积极性；针对经过实践锻炼、能力过人的班干部，班主任要主动引荐给系、院学生组织，让班干部能够在更大的平台中得到提升；针对极个别有过失误的班干部，要批评与引导并重，要让他们知道自己的错误，但也要积极引导，让班干部将负面情绪转为工作动力，如果有机会，可以再次分配任务，让学生积极面对，最大程度的发扬自己的闪光点。

3）帮助学生树立信仰

树立信仰是高校辅导员思想政治教育的根本。高校学生的思想政治教育是一项系统工程，需要齐抓共建。作为辅导员，应该有针对性地狠抓信仰这个根本性问题。近年来，许多大学生对政治学习不感兴趣，对各种政治活动持消极态度，究其根源在于所谓的“信仰危机”。所以，辅导员在培养学生坚定正确的政治方向时，必须狠抓树立马克思主义信仰这一根本问题。

（1）基础理论知识学习。当代大学生存在一定的信仰危机，之所以会出现这种情况主要是因为缺乏马克思主义理论。如果在此种情况下出现其他流派思想，大学生会因缺乏相应的识别能力而随声附和。另外，相对来说高校学生的思想相对比较活跃，喜欢探索各种事物且崇拜心理较强，但是却缺少一定的社会阅历与认知，从而容易随波逐流。因此教师在对高校学生开展思想政治教育时不可一味地讲授，要将相应的理论知识与实践活动相结合。学校在教育过程中要结合实际引导学生从空想逐渐转移，从相关社会主义书籍读起，通过学习马克思和恩格斯等人的科学社会主义来不断树立信仰。树立信仰的过程中要结合我国历史因素、社会环境因素等，让学生充分认识社会主义，这是人类历史的结晶。

相对于其他各派的理论研究，社会主义到目前为止仍保留严密与谨慎性；在实践中，它已经引起一场历时一世纪、波及全世界的社会大变革。当然，国际社会主义事业也有可能出现相应的波折，遇到这种情况需要根据具体情况分析，了解清楚问题的关键所在，到底是政党问题还是马克思主义问题。通过对高校学生社会主义理论知识教育，可以让学生提高自身的鉴别能力，在面对思想浪潮来袭时保持清醒。

（2）提升高校学生的社会实践行为。高校开展社会实践旨在让学生可以更深刻地了解当前的国情，同时增加学生对中国改革政策的认识，以此来让高校学生充分认识社会，坚定不移地坚持中国特色社会主义发展道路。但是如果想要让学生在社会活动中收获更多，就需要对学生多加引导。可以通过一系列的宣讲与宣传，让在校学生了解社会教育，让高校学生充分认识到本国的基本国情，充分认识到改革开放的重要性。当然在参与社会实践活动时，也需要教育学生发现社会不良风气，切勿随波逐流，要坚定自己的立场。

（3）教育方式要灵活多变。对于高校学生来说，思想政治教育不可或缺，在开展思想政治教育的同时加配其他教育会更深入人心。如今的思想政治教育需要结合当代大学生的个体特点来分析，将整体教育和知识体系、娱乐体系相结合。

4）帮助高校造就人才

大学的工作千头万绪，但是说到底，中心任务还是教学。作为辅导员，忽视班级的学风建设，将是严重失职。抓学风建设，还需要从实际出发。近年来，高校学生厌学心理有所形成。造成厌学的原因很多，其中，对高等教育的认识片面，是干扰大学生积极进取的重要因素之一。高等教育的任务，应该是根据年级层次，由传授知识为主逐渐转向培养能力和造就人才为主。基于这种认识，辅导员在抓班级学风建设时，应始终紧扣培养能力、造就人才这个主题。

（1）制定四年一体化的培养方案。高等院校的教师，绝大多数是各有专业，各司其教。这势必造成在对学生的学习动力、努力方向、研究方法、综合能力等方面的培养和训练上缺乏科学、系统的宏观协调。针对这种情况，结合专业特点，可制定1～4年级系统化的培养方案，核心构思是根据年级层次由知识型向能力型转变、由培养人才向造就人才转变。

（2）有条不紊地实践。从大学一年级开始，配合专业课学习，可从校内外聘请学有专长的学者、教师在班内进行系列学术讲座和人文专题讲座，题目全部依年级层次有针对性地选定。选题的基本思路是激励学生有追求、不虚度，爱读书、会读书，掌握获取知识的方法，注意理论和能力的培养训练，鼓励学生脱颖而出和建功成才。与此同时，经常开展读书报告会、书法和演讲比赛、模拟教学等学术活动，并创办墙报、刊物等，以活跃学术气氛。

针对高年级学生两极分化的趋势，可采取抓两极带中间的措施。一方面，大力鼓励优秀学生朝着继续深造的方向努力，对其中突出者给予特殊奖励；另一方面，对个别不够努力的学生，分别做思想工作，引导他们着眼于未来教育，立足于提高专业素质，不负于美好青春；同时，可以组织学生成立社会调查小组，以“社会需要怎样的高素质人才”为题，对不同的企事业单位进行大量的问卷与座谈调查。结果表明，社会欢迎的是那些知识丰富、能力突出、思想活跃、品德高尚、具有时代感的优秀人才，最讨厌那些不学无术、举止不雅、格调低俗、思想僵化的毕业生，这项活动在班内引起较大反响。同学们进一步认识到，不努力完善自己，将来就可能成为不受社会欢迎的毕业生，所以，有更多的学生抓紧时间读书，扩大知识视野，加强各种能力培养和自我完善。

2. 高校学生辅导员管理的工作方法

树立高尚、和谐的班级生活作风，是一项长期、复杂、细致的工作。对此，辅导员的任何放任自流、秋后算账、赶风头、走过场的做法都于事无补，甚至会引起不良后果。辅导员在优化班级生活作风时，既需要严格的行政管理，又需要深入细致的思想教育，二者需要有机地结合。

1）制度化、定量化管理

（1）管理的制度化。学校想要拥有好的学习环境和学生生活规范，就需要制定各项制度规范，这也是建立优良学校生活的关键。所以班主任在管理班级时需要严格地参照学校的各项规章制度。对于刚刚入学的新生，需要对其进行各项规范化的入学教育，将学校的各项制度规范灌输给学生，让他们了解学校生活中哪些事项不可以为之，哪些需要遵守。当然后期还可以相应地制定各项班级规范，将其放置在教室前面，让学生可以直接看到，加强其规范意识。新生入学后想要有好的作息习惯比较困难，此时就需要班主任督促，因此在此阶段，班主任跟班是让学生形成自觉遵守意识的至关重要点。当然对于违反纪律的学生，班主任不能隐瞒实情、不能袒护，要严格按照学校纪律惩处，维护学校纪律。

（2）管理的定量化。通常情况下，学校的生活比较中规中矩，评价学生的好坏大多是通过学生的日常活动来评判，如德、智、体、美、劳等。因此，辅导员在平时活动或者接触中要明确学生的各项情况并予以记载，如此一来，评价学生时才不会出现单凭简单的印象去评价学生的情况，各事项量化也有利于辅导员对班级的管理。详细记载在校学生的日常活动情况（如学生的考试成绩、社会实践活动、各项发明创造、公益活动、纪律规范等），并将这些记载事项逐渐量化进行对比划分，可以使管理更加切合实际。对于学校来说，将各项事项量化可以在很大程度上减少考核误差，使各项考核评定和奖学金发放更加公平公正，从而得到学生的认可，促进各项制度在后期发挥作用。

2）优化生活作风做好思想教育

优化生活作风要做好思想教育，任何规章制度必须转化为学生的思想，才能真正发挥作用，而思想教育就是这一过程的“催化剂”。更重要的是，人的精神世界深邃复杂，有些是任何规章制度也无法规范和约束的。在进行思想教育时，要注意坚持正面教育和潜移默化。

（1）重视正面教育。在中学生的学习生活之中，升学是他们不变并且一直坚持的目标。但是当学生进入大学以后就会错误地以为目标已经完成，在此种情形之下，学生容易缺乏奋斗力，整体思想方面会更趋向于散漫无纪律、缺少组织观念等。因此，进入大学后，辅导员需要根据新生的实际情况去开展各方面的指导，如行为规范、生活方式、思想教育、组织能力、人际交往能力等。存在部分犯错的情况在所难免，针对这些情况，辅导员的思想教育起着非常重要的作用。违反学校纪律对其进行相应的惩处属于正常情况，但是惩处只是让其改进的一种方法，要相应地配合思想教育才能达到让其改变的积极效果。对于犯错误的部分学生，辅导员要采取严肃批评、耐心转化的教育方法。

（2）注重潜移默化。对于大学生来说，单纯地只靠说教就想增加学生的思想情感和提高学生的道德几乎不可能。想要增强整体班级环境还需要开展一些必需的活动（如集体活动、班级间联谊、各系之间联谊、诗刊活动、阅读会等），可以经常开展一些比赛（如演讲比赛、诗词比赛、书法比赛、游泳比赛等）。这些活动开展的目的便是优化班级环境，潜移默化地陶冶学生情操，让学生体会真善美的人文，逐渐向着高雅与和谐的方向发展，培养出一群热爱生活、热爱社会、热爱祖国的好青年。管理和教育对于高校来说均属于育人方式，管理是其有力保证，教育是其践行基础，两方面相互融合、相互作用便可发挥更有效的作用。

综上所述，辅导员想要成为优秀的辅导员，想要提高班集体整体的水平，单单只靠日常工作、单纯讲授是不够的，还需要有相应的责任心与无私奉献的精神。当然基本的道德素质与教育能力或者说知识覆盖面也都是基础。总体而言，高校辅导员需要热爱学生、热爱岗位、具有无私奉献的精神。

（二）高校学生辅导员的学生人际关系协调

1. 大学生和谐人际关系构建的意义

（1）高校学生在实现自我的过程中需要和谐的人际关系。马斯洛的需求层次理论认为人的需要由生理的需要、安全的需要、归属与爱的需要、尊重的需要和自我实现的需要五个层次构成。其中，有无法通过物质满足的需求，即归属与爱的需要、尊重的需要和自我实现的需要，这些需要在交往中获得。大学生要想对自我价值有准确的定位且自信满满，就要保持和谐的人际关系。

（2）大学生之间相互帮助、共同成功都要依赖于和谐的人际关系。增强合作意识、形成全局观念、拥有更高的学习和工作效率都需要和谐的人际关系。人际交往能够让一个人在物质和精神上都获得满足感。

（3）和谐人际关系能加快大学生社会化进程。社会化包含四个方面：熟练生活技能、明确生活目标、学习社会规范和培养社会角色。人际交往则是完成社会化的前提。和谐的人际关系可以拓宽大学生的交往范围，使交往内容更有深度，而大学生社会化进程的加快也得益于更有深度和广度的人际关系。

2. 班集体人际关系影响因素

所谓“班集体人际关系”指的是高校班级内部的人际关系。处理好大学生人际关系，既是高校的愿望，也是每一个初入大学校门的学生的真诚所求。但是，在高校的大学生生活中和学习等活动中，人际关系的状况往往不尽如人意，那种互相尊重、充满友爱气氛的班集体并不多见，较常见的是人与人之间关系平淡的那种“松散型”班集体人际关系。甚至在个别班集体内，因辅导员工作的失误或个别学生和非正式小群体的分离、破坏作用，班级内矛盾复杂、关系紧张、情感淡漠、气氛压抑，从而使得很多学生心理上受到损失。影响人际关系密切程度的主要因素依次为时空距离、相似态度、互补需求。

（1）时空距离。时空距离是形成密切人际关系的一个重要条件。大学生或因同乡，或因同一寝室，或因同时入学经常接触，从而为建立密切的人际关系奠定了良好的基础。

（2）相似态度。当大学生之间对某种事物和事件有相近或相同的态度，具有比较相近的追求、兴趣、价值观等时，感情容易引起共鸣，形成融洽的人际关系。

（3）互补需求。大学生生活和学习中会产生多种心理需求，如果一方的行为或心理的、个性的特点，正好能满足另一方的心理需求，那么双方的关系就会密切起来。

上述客观因素，对处于自然发展状态的班集体人际关系起着重要的、潜移默化的影响，但是，高校班集体人际关系并不仅仅是在自然状态中发展的。由于辅导员具有的法定权威（靠社会固定程序而获得的权威），以及辅导员在与学生的较长时期的交往中双方的“心理兼容”（主要指受教育者对教育者表示认同，愿意接受其影响）强度较高，因此在指导、处理班级的各种管理事务、思想教育工作中，辅导员必然对班级内部的人际关系有触动、影响作用。

这种作用，既可能是积极的，也可能是消极甚至是破坏性的，因此加强这方面的探讨，就成为一项很有实际意义的课题。

处理好大学生人际关系，创造出融洽、温暖的人际关系环境，一方面要依赖于上述各种存在于大学生班集体内部的各种客观因素，另一方面则依赖于辅导员强有力的，及时而恰到好处的引导和协调。后者更为重要，且应是着重讨论并解决的问题。

3. 辅导员对班集体人际关系的积极作用

辅导员在班集体人际关系中的积极作用主要表现为直接作用和间接作用两种。

1）辅导员的直接作用

辅导员的直接作用即辅导员通过各种方式、手段直接施加影响于大学生个体，如通过谈心、批评、表扬等方式，直接对大学生人际关系的状态产生作用。这种直接作用具体表现为以下两点。

（1）强有力的控制作用。强有力的控制作用即在班集体人际关系中，辅导员对人际关系的状态、发展方向、出现的问题等能够予以把握、控制，施加强有力的影响。它的特点是强制性管理手段的成分较大。通常可以运用非标准化观察法观察到以下三种现象。

第一，由于时空接近性因素的影响，往往从刚入学直至将近一年甚至更长的时间里，同一宿舍的同学之间的人际关系特别密切，而同其他宿舍的同学关系较平淡。长此以往，这种“宿舍意识”导致同一宿舍的学生对其他宿舍学生产生一种排斥心理，从而影响了大学生人际关系的改善。

第二，班内非正式群体的形成、发展，在客观上对班内的人际关系的改善起到了一定的阻碍作用。

第三，组建不久的班级内人际交往中某种促进、改善人际关系的个别事件或限制、破坏人际关系的个别事件，对以后的班集体人际关系的发展方向将起到潜移默化的榜样式的影响作用。

对于以上几种影响到班集体人际关系的现象，辅导员均可以发挥控制作用，促进、鼓励有利于人际关系改善的情况、因素，限制、批评不利于人际关系改善的情况、因素。例如，对于上述第一种情况，辅导员在适当时机，将班内几个宿舍成员重新编排，形成新的宿舍集体。对于第二种情况，辅导员的控制工作主要是适当控制班内非正式群体的规模和数量；注意发挥非正式小群体内的“核心人物”的特长和作用，使其在班内发挥良好的作用；坚决限制“破坏型”非正式小群体，切不可任其发展，必要时，可施加压力迫使其解散。对于第三种情况，辅导员可发挥其自身特殊的权威性地位的作用，对于有促进、改善班内人际关系作用的个别事件则公开表扬、肯定，对于限制、破坏班内人际关系作用的个别事件则公开批评、否定，从而在班集体内部形成一定的心理压力和权威性的行为导向舆论。

（2）柔和的协调作用。柔和的协调作用即在班集体人际关系中，辅导员对人际关系发展中的各种矛盾，可以充分发挥调解作用，及时消除、降低人际关系中不良因素的消极、破坏作用和影响。它的特点是说服教育、心理沟通的成分居多。

班内人际交往中出现的大量的与各种人际关系有关的问题和矛盾，仅仅依赖于辅导员的控制作用很难产生良好效果甚至会起反作用，这就需要辅导员根据具体情况，灵活变换工作方法，充分发挥协调作用。

辅导员的协调作用，主要体现在对下述班内人际关系的协调中：第一，不同地区来源学生之间的人际关系；第二，学生干部与普通同学之间的人际关系；第三，男女学生之间的人际关系；第四，正式群体与非正式群体之间的人际关系；第五，宿舍之间的人际关系。

上述五种相互交错的人际关系虽然容易引起紧张和矛盾，但同时也是班级内部最基本的人际关系构成。若只是单一地控制五种关系是远远达不到效果的。因此，辅导员要对学生的真实情况有足够的了解，积极与他们的生活圈子相融合，当学生遇到无法处理的人际关系或是难以解决的问题时能够给予及时的引导和调解，与学生们开诚布公地谈心。辅导员也可以利用班会或其他活动同学生站在平等的角度上共同探讨怎样加强人际关系的处理，帮助学生树立正确的人际关系意识，纠正学生错误的人际观念，从而促进学生之间形成良好的人际关系。

2）辅导员的间接作用

辅导员的间接作用即辅导员并非直接施加影响于学生个体，而是通过特定的中介物达到目的。班级内部是否可以形成良好的人际关系与班风有着直接的联系。“班风正”有三个衡量标准，而班风内容也是由这三个因素构成：一是追求的目标较为一致；二是有良好的主体道德观念；三是精神面貌要积极健康向上。

辅导员是班风建设过程中不可或缺的重要角色。班风的建立需要辅导员的培养和指导，这同时也能够促进大学生建立融洽的人际关系。

在建设班风的过程中，辅导员同时担任了组织者、规划者和指挥者的角色，通过实践能够看出，建设积极健康的班风需要辅导员充分发挥自身的影响力，并且做好组织工作。辅导员可以将班风作为一个中介，利用它对人际关系产生的影响使班级内部的人际关系更加融洽。

第四章

高校学生管理的思想政治教育融合发展

在高校的教育体系中，思想政治教育的地位十分突出，其能培养学生的道德品质，促进学生全面发展。目前，很多高校在管理学生时，融入了思想政治教育，这样既能提高教育的质量，又能提升学生管理的水平。

第一节　高校思想政治教育融合大学生管理的思想

一、高校学生思想教育管理的特性

（一）教育的严密系统性

从教育的层次要求来说，大学直接承担着为国家建设培养合格人才的任务，这就要求大学不仅仅要使学生系统地掌握本专业的业务知识，而且要对马克思主义理论有比较系统的了解。通过学习马克思主义的立场、观点、方法，改造自己的主观世界，为今后走向社会改造客观世界奠定思想基础。大学生正处在世界观形成时期，这一时期思想的变化直接影响人的一生，要使大学生在校学习期间树立正确的世界观，必须对他们进行系统的理论学习与思想教育。

从受教育者的要求来看，经过小学基本观念的教育和训练，中学各科知识的初步涉猎，一般的道理与知识已经不能适应大学生的需要。大学生对事物的看法已从受别人影响转变成有自己独特的见解，这对大学生的思想教育管理提出了更加系统化的要求：大学不但要让学生学得知识，而且要教会学生分析与解决问题的正确方法，让学生掌握思想上的“钥匙”。

（二）学生的自主性

从心理的角度分析，大学生与中学生相比实际能力相差不大，但自我意识和要求自立的愿望明显增强。上大学后，学生普遍在心理上认为自己真正长大了，这种独立的意识对学校思想教育管理工作有积极有利的一面。这一积极有利的一面就是学生的自立意识经过引导成为不甘落后的内在动力。但如方法不当，有可能出现大学生从心理上抵制学校思想教育管理的逆反现象。这也就给学校思想教育管理工作提出了双方面的要求：一是加强正确引导，保证青年学生在自立的过程中沿着正确的方向成长；二是尊重大学生的人格，同时肯定有利于自身进步的个性品质，从积极的方面挖掘学生内在的动力，发挥他们自身的作用，肯定他们在自我教育管理中的地位与作用。

一般而言，大学生刚进校时，迅速增加的独立意识与自身的实际能力相矛盾。如在教育过程中采取中学班主任的做法，学生往往会认为没有把他们当作成人，从而感到反感；一旦放手让他们自己去摸索，他们往往又缺乏经验与能力，从而显得处处不适应，经常怀念、谈论起他们中学的班主任。因此，大学教育中充分发挥学生的自主性，必须与正确的引导相结合，过分强调哪一方面都无法收到满意的效果。

（三）社会的适应性

除职业学校与中专外，普通高中培养的直接目标之一是为高等学校输送品学兼优的学生。高等院校培养的直接目标除少数学生继续深造外，大部分学生将走向社会。社会是检验大学教育质量的实践标准。培养目标的差异决定了培养方法与内容的区别。作为大学，要把党的教育方针与社会的需要有机结合，要使培养的人才与社会的需要相一致。这种结合与一致主要是避免单纯适应社会的实用主义的教育方法。因此，大学生思想教育管理要紧密联系社会的实际，加强对社会的接触和了解，采取“请进来、走出去”等多种有效的方法，有针对性地进行教育培养，为学生走向社会打好思想基础。

二、高校学生思想政治教育管理的任务

思想政治教育管理的地位和作用，决定了它的管理任务是多头的、繁重

的。根据现阶段各高校的实际，应抓好以下四个方面的教育管理工作。

(一) 强化马克思主义基本理论教育

马克思主义是我们党和国家的行动指南，是培养学生无产阶级世界观和共产主义道德的理论基础。把马克思主义作为必修课，是社会主义大学区别于资本主义大学的重要标志。坚持对学生进行马克思主义基本理论教育，是高校学生思想政治教育管理的核心内容。学校通过系统的马克思主义理论课教育，帮助学生获得哲学、政治经济学和中国革命史等方面的基本知识，树立正确的政治观、世界观和科学的方法论，提高运用马克思主义立场、观点和方法分析、解决实际问题的能力，并争取从他们中间培养出一批青年马克思主义者。

目前，广大学生从国内外发生的政治问题中，普遍感到自己虽然政治热情高、参与意识强，但理论素质低、分析复杂社会问题的能力不强。因此，学生有学习马克思主义的迫切愿望。我们要因势利导，加强和改进马克思主义理论课的教学和管理。为此，必须注意解决好以下问题。

(1) 重视和加强对马克思主义理论课教学的领导，在师资培养、职称评定、课程安排、经费、用房等方面采取一些倾斜政策。

(2) 有步骤地对几门政治理论课从体系、内容、方法到教材进行必要改革，适当增加马克思主义原著导读，有选择地评介一些西方的政治、哲学和经济学思潮，让学生在对比和鉴别中加深对马克思主义基本理论的理解，自觉地辨别是非，扬善弃恶。

(3) 组织和发动政治理论课教师定期深入工厂、农村进行社会调查，经常深入学生之中，关心和辅导学生的课外理论学习（如马克思主义著作学习、党章团章学习、宪法和其他法律学习等）。

(4) 做好学生的思想宣传工作，教育他们要重视政治理论课的学习，并加强对课堂纪律和成绩考核的严格管理，从各方面保证实现马克思主义基本理论教育目的。

(二) 重视社会主义思想主题教育

社会主义思想主题教育属于理论性教育，侧重于学生道德思想教育，因此近年来各大高校纷纷开设此门课程。高校党政管理工作人员战略思想更为靠前，因此要起到带头作用，自觉参加到社会主义思想主题教育工作之中，不能忽视此门课程，更不能轻视社会主义思想主题教育。

（三）做好日常的思想教育

思想教育工作要体现在日常生活之中。思想教育工作是众多高校存在的难度较大的思想政治工作。思想教育工作最后体现在学生普遍的思想之中，这也是高校教育不断巩固加强的必要手段之一。和所学的马克思主义等政治思想教育课程有所差别，日常政治思想教育更加灵活多变且具有针对性。不同年级以及不同时代的学生，其思想存在一定的差异性，需要针对切实环境开展有效教育。好多高校所开展的思想教育活动非常值得借鉴，如谈心会、学雷锋、劳模比赛等。

在开展社会实践活动的同时，还需要不断加强党团建设，其也属于日常思想教育中非常重要的一部分。高校针对在校大学生开展一系列的军训、团组织、党组织及寒暑假的社会实践活动等，让学生切实感受社会生活，使学生更深刻地了解我国民情，让大学生树立正确的思想观念和团体意识。高校学生的政治思想问题所代表的是学校的整体生活环境、教育理念和教育思想。

（四）注重专业课教学的思想教育

政治思想教育课程以外的各专业知识授课时也应注重学生的思想教育。思想教育涉及学生思想的方方面面。如今社会主义下的各高校所讲授的所有课程不单是知识的传授，其目的更多侧重于自主意识，而每一位授课教师又总带有自己的传授特色，不可能是毫无思想色彩的纯粹讲解。基于以上情况，各高校的管理人员需要根据学校的情况调动教师的授课积极性，使其真正地做到教书育人、授业解惑，这对于高校来说非常有必要。目前很多高校采取更加果断的措施，如选派优秀教师兼任学生的辅导员；有的高校规定在晋升职称、派遣出国留学生和工资升级等方面，在同等条件下，有思想政治教育经历的教师享有优先权；有的学校设立了“教书育人”奖，对获奖教师给予一定的优惠待遇等。这些都是重视专业课教学中思想教育的具体表现。

三、强化“四个力量”，保证学生思想政治工作

“四个力量”，即组织力量、知识力量、主体力量和人格力量，其是做好学生思想政治工作的重要保证。

（一）组织力量

这里所指的组织，包括党组织、行政组织、共青团、学生会、工会组织等。思想政治工作是学校大系统中的一项子系统工程。通过党组织的教育和培养，把一批共产主义信念坚定、品学兼优的先进分子吸收到党组织中来，并通过他们的表率作用，引导广大学生奋发向上；通过团组织团结广大团员青年，把他们的爱国热情引导到为中华崛起勤奋学习上来。只有依靠组织的力量，才能在学校的大系统内形成思想政治工作的网络，从而把思想政治工作融入党组织活动、群团活动、教学活动、校园文化创建活动和学校的文艺体育活动之中，使思想政治工作既生动活泼，又扎实有效。

（二）知识力量

大学生是一个有较高知识水平的群体。一方面，他们是受教育者，在高校接受较系统的知识教育训练；另一方面，他们又有初步的创造能力。因此，要做好学生的思想政治工作，对于思想政治工作者而言，要具备较为合理的知识结构，要掌握必要的科技知识及其发展动向，要具备较为深厚的人文知识底蕴。

（三）主体力量

在教育过程中，学生是主体，是事物变化的内因。教师在进行思想政治工作时，一定要依靠主体的力量，依靠学生的能动作用，促成事物朝着预期的方向转化。离开了主体的力量，思想政治工作就会变成空中楼阁。

（四）人格力量

思想政治工作既有正面的灌输，又有潜移默化的影响，更要靠人格的力量。人格的魅力是无穷的，其影响力是深远的，因此，思想政治工作者要不断加强自身的修养，完善自身的人格，做学生的表率，真正使自己成为一名有说服力的思想政治工作者。

四、树立“四个意识”，做好学生思想工作

“四个意识”，即平等意识、服务意识、质量意识和超前意识，是做好学生思想政治工作的前提。

（一）平等意识

当今的大学生自我意识较强，他们希望得到别人的尊重和信赖，希望教

师以平等的态度对待自己，不希望别人在公开场合批评自己，要求尊重自己的人格；他们要求上进，希望自己的学习和工作成绩得到教师和同学的认可；他们相信自己会有所作为。同时，由于我国高等教育模式发生了重大变化，思想教育工作者要适应这个新形势，必须树立平等意识，牢牢把握大学生的心理特点，把学生当成朋友和亲人，相互尊重，相互理解，相互沟通，这样思想政治工作才能收到预期效果。

（二）服务意识

学生在成长的过程中，无论是思想、学习，还是其他方面，都会遇到这样或那样的困难，这时候，他们就特别需要帮助。思想教育工作者要树立全心全意为学生服务的意识，尽自己的力量帮助他们克服困难，完成学业。服务的过程也是一种教育过程。思想教育工作者以自己的实际行动关心、帮助学生克服困难，让学生感到党的温暖、组织的关怀、人间的真情，从而影响学生形成积极向上的人生观。

（三）质量意识

21 世纪的竞争主要是高科技的竞争，说到底是人才的竞争。国家、民族要立于不败之地，就要不断提高人才的培养质量，更好地加强人才能力、素质、创新意识和科学精神的培养。思想政治工作一定要坚持社会主义方向，保证把学生培养成为社会主义现代化建设事业的建设者和接班人。只有牢固地树立这种质量意识，思想政治工作才能坚持明确的方向，广大青年学生才能坚持正确的政治方向。

（四）超前意识

人类社会已开始步入一个以知识（智力）资源占有、配置、生产、分配、使用（消费）为最主要因素的知识经济时代，网络经济也日益显现出经济的时代特征。在这种形势下，高校学生工作专职干部应具有前瞻性和超前意识。一是注意培养学生获取和处理信息的能力，二是注意培养学生懂得并遵守信息社会的“游戏规则”，三是注意培养学生的创新意识。因此，我们的思想政治工作在解决现实问题的同时，要结合当今社会对人才的需求和对未来社会的预测，要着眼于未来，不断更新观念、更新思维，用先进的内容、方法和手段，与学校其他教育一起把学生培养成能迎接知识经济挑战、适应知识经济时代要求的高素质人才。

第二节 高校思想政治教育融合大学生管理的内容与运行机制

一、高校学生思想政治教育管理的内容

思想政治教育管理是包括政治教育、思想教育和个性心理培养等方面的大德育系统，它是培养又红又专的接班人中“红”的具体要求。因此，不能把高等学校的思想政治教育狭义地理解为品德教育。在高等院校，思想政治教育管理的范畴应包括日常党团组织、政治理论课、思想政治课、形势任务、时事政治等方面的教育活动。思想政治教育管理内容主要通过政治理论课、思想政治教育课和日常思想政治教育来体现。

（一）政治理论课

政治理论课又称为公共政治理论课，它的主要任务是对学生进行较系统的马克思主义理论教育、中国革命的历史和现状及中国特色社会主义建设的一系列理论和现实问题教育，使学生掌握较系统的马克思主义理论知识，并具备运用马克思主义理论分析各种社会问题的能力，树立正确的世界观和方法论，主要是从理论高度来回答现实生活中存在的理论和现实问题。由于政治理论课理论性、系统性和实践性都很强，因此政治理论课教育以灌输为主、灌输与疏导相结合的方式进行，同时，把政治理论课作为公共的必修课，有系统、分阶段地进行政治理论课教育。

1. 马克思主义原理课

马克思主义原理课的主要内容是对马克思主义三个组成部分（哲学、政治经济学、科学社会主义）进行系统的阐述，并运用马克思主义原理对当代国际国内重大问题进行分析，使学生有正确的认识。学习马克思原理的主要目的是使学生树立正确的世界观和方法论，因此课程的重点是引导学生学习马克思主义哲学，帮助学生学会运用辩证唯物主义和历史唯物主义认识社会发展的客观规律，并树立正确的人生观。

2. 中国革命史课

中国革命史课的主要内容是百余年来中国人民革命斗争的历史，主要包

括旧民主主义革命史、新民主主义革命史、社会主义革命史，其核心内容是中国共产党领导的新民主主义革命史。学习中国革命史的主要目的是使学生充分认识中国近现代社会发展的方向，中国近现代革命的性质、对象、任务及领导力量，以及中国近现代历史发展的客观规律性，使学生对中国的历史和现状有一个较清楚的了解，从而理解社会主义的深刻含义。

3. 世界政治经济与国际关系课

世界政治经济与国际关系课的主要内容是分析、介绍当代世界政治经济格局和国际关系中一系列理论、历史与现实问题，使学生对整个世界发展有较全面的了解和正确的认识，以适应改革开放新时代的需要。

根据不同专业、不同层次的要求，政治理论课还可以根据条件和需要开设“马克思主义与当代社会思潮”“自然辩证法”“现代科学技术革命与马克思主义”等课程。政治理论课主要从思想深处解决学生中存在的理论问题，即世界观问题及共产主义与社会主义信念问题。在德育中，政治理论课具有理论性、系统性、稳定性的特点，是大学思想教育的理论基础。

（二）思想政治教育课

思想政治教育课主要包括形势与政策课、法律基础课、大学生思想修养课、人生哲理课、职业道德教育课、就业指导教育课等。

1. 形势与政策课

形势与政策课的主要目的是帮助学生了解国内外重大时事，学习党的路线、方针、政策，全面掌握“一个中心，两个基本点”，认清形势和任务，激发爱国主义精神，增强民族自信心，珍惜安定团结的局面，为建设中国特色的社会主义而奋发学习、健康成长。形势与政策课不同于日常思想教育中的政治学习，它有较强的理论性和系统性，还必须根据形势变化调整讲课内容，是一门现实性很强的课程。

2. 法律基础课

法律基础课的主要目的是向学生传授必要的法律基础知识，使学生认识加强法治建设的重要性，懂得马克思主义法学的基本观念，掌握宪法和基本法律的主要精神和规律，增强法治观念和社会责任感，正确行使公民的权利与义务，以适应社会主义民主和法治建设，成为有理想、有道德、有文化、有纪律的专门人才。法律基础课的主要内容包括法的一般原理、社会主义法的基本理论、《中华人民共和国宪法》、《中华人民共和国行政法》、《中华人民共和国民法典》、《中华人民共和国刑法》、《中华人民共和国民事诉讼法》、《中华人民共和国刑事诉讼法》等基本知识。着重阐明以下方面的问题：全民普法与大学生学习法律的意义，法的本质和作用，民主和法制，民主和专政，我国公民的基本权利和义务，民主的任务和作用等。在思想政治教育课中，法律基础课是一门专业性较强的课程，有很强的独立性，主要通过开课的方式进行教育。

3. 大学生思想修养课

大学生思想修养课一般在一年级学生中开设。大学生思想修养课教育的主要目的是紧密结合一年级学生的实际情况，引导学生认清时代要求和历史责任，明确社会主义大学的培养目标，端正学习目的与态度，重视文明道德修养，培养优良的校风、学风，正确处理个人与集体、个人与社会的关系，以适应从中学到大学的转变，为大学期间健康成长打下良好的思想基础。大学生思想修养课的主要内容包括大学生的社会责任、大学生的目标志向、大学生的思想品德修养、大学生的学习活动、大学生的集体建设、大学生的人际关系、大学生的心理与行为调控、理想与成才教育等，同时辅之以校纪校规、大学生行为准则、科学生活和如何增进身心健康等方面的教育，从而培养大学生良好的道德修养和健康的个性心理品质。

4. 人生哲理课

人生哲理课的主要目的是帮助学生学会运用马克思主义把握正确的人生方向，正确认识和处理个人与社会关系，树立为人民服务的思想，培养开拓进取的精神，识别和抵制各种错误的人生观。人生哲理课的主要内容：人的本质与人生观；大学生人生观的基本特点与教育；人生的基本问题是个人与社会的关系问题；人生的基本准则，树立集体主义原则；选择正确的人生道路，走又红又专的道路，走与工农相结合的道路，走在实践中成才的道路；大学生的人生态度，树立正确的政治观、学习观、生活观和恋爱观；人生价值，树立马克思主义人生价值观；大学生应树立崇高的人生目标，为共产主义理想而奋斗。人生哲理课是解决大学生人生观形成过程中一系列理论和实际问题的课程，因此应与学生人生实践结合起来，大力开展学习雷锋活动，倡导奉献精神，参加社会实践活动，在实践中锻炼成才。

5. 职业道德教育课

职业道德教育课的主要目的是使学生了解社会主义职业道德的基本原则和主要规范，树立选择职业的正确态度，明确本专业职业道德的具体内容和要求。职业道德教育课的内容必须依照各类学校培养人才的不同要求而设立，主要是进行职业的规范和要求、责任与义务、道德修养和理想追求等方面的教育。具体来说，医学院校学生一般进行医德教育，培养学生树立革命的人道主义精神；师范院校主要进行师德教育，培养学生教书育人、“教师以人格影响人”的观念；科技工作者主要进行科技伦理学教育，树立献身科学、报效祖国的职业道德观。

6. 就业指导教育课

就业指导教育课的主要目的是使学生了解毕业分配的基本形势、政策，了解社会对人才的要求，做好走向社会前的思想、心理和精神准备，以便于学生更快地适应社会。就业指导教育课的主要内容：毕业分配的政策与纪律；就业前后的心理和行为调适；如何确立正确的择业观，根据社会需要选择恰当的职业；如何寻找自我与社会的结合点；等等。由于毕业生就业指导教育的政策性、操作性很强，具体的就业指导情况复杂，因此除了采用开课、办讲座等形式进行大范围教育外，还可辅之以个别的具体的就业咨询指导，以利于就业指导教育更具有针对性。

(三) 日常思想政治教育

日常思想政治教育主要包括日常政治学习、党团组织生活教育、个别学生思想教育等方面问题。

1. 日常政治学习

日常政治学习的内容相当广泛，主要是让学生及时了解国内外形势，关心我国社会主义现代化建设，培养基本的政治观念和政治意识。日常政治学习的内容根据国内形势和学校工作重点而确定，主要包括时事政治，党和政府一定时期内重要文件、精神，学生普遍关心的政治问题等。日常政治学习的主要特点是时效性、经常性，及时地并经常地把党的路线、方针、政策贯彻到学生中去。

2. 党团组织生活教育

党团组织生活教育是日常思想政治教育的重要内容。党团组织生活教育的主要目的是教育学生树立共产主义信念，教育学生形成良好的党团生活习惯和组织纪律，帮助学生健康成长。党团组织生活教育主要分层次进行，形式多样：业余团校教育的主要对象是积极要求入团的青年，其主要进行团的基础知识、团的章程和团员的权利与义务等教育活动，给积极要求入团的青年创造条件，争取让他们早日加入团组织；团内组织生活教育的主要方式是以活动促进教育，通过团内组织生活、民主生活等，培养团员集体主义观念和纪律观念，同时进行马克思主义基本理论和党的基本知识学习，积极向党组织靠拢；党章学习小组教育的主要方式是组织积极要求入党的学生进行党的基本知识和党章的学习；业余党校教育的主要方式是对积极要求入党的优秀团员进行系统的党的纲领、章程和基本理论知识的学习和培训；党组织生活教育的主要方式是对学生党员进行系统的马克思主义理论、党的理论和建设的学习、培训，通过党内组织发展、民主生活，培养学生树立坚定的共产主义信念，为共产主义事业而努力学习、工作。

3. 个别学生思想教育

针对个别学生随时出现的思想矛盾和问题，有针对性地进行疏导，主要可以采取以下方式。

（1）谈心式。及时发现问题苗头，进行个别谈心，予以适当引导，这是我党思想政治工作的优良作风。通过个别谈心、交流看法，可以解开疑窦、消除误会。谈心式教育也可以在较大范围内进行，如就某一主题进行座谈、开展平等探讨等。

（2）咨询式。开展心理咨询，可以使学生在有心理矛盾和困惑后有一个诉说的地方。教师可以通过开导、解答等方式达到教育的目的。咨询这种形式比较容易被学生接受，它能使学生变被动接受为主动要求。当学生有了思想矛盾和苦闷一时无法排解时，通过找教师解答思想疑难问题，可以排除心理障碍，增进心理健康，培养良好的心理素质和社会适应能力。

（3）奖罚式。奖罚式即将日常思想政治教育与学生的奖励、处罚结合起来。奖励和处罚本身也是一种教育，其主要是事实教育，并通过奖励和处罚对学生思想行为进行激励和规范。

综上所述，高校学生的思想政治教育主要包括三个方面的内容：政治理论课主要是对学生进行系统的马克思主义理论教育，是思想教育的理论基础，着重解决学生人生观、世界观和思想深层次的理论问题；思想政治教育课主要是针对学生普遍关心和存在的一系列理论和实际问题进行系统的理论教育和思想教育，着重解决学生成长过程中的理论和思想问题；日常思想政治教育主要是针对学生思想认识进行个别的、深入的思想政治教育工作。它们三者之间有一定的层次性，各自肩负着学生德育的不同方面，共同构成高校德育系统的主体内容。

二、高校学生思想政治教育管理运行机制

高校学生思想政治教育管理运行机制，就是德育在决策层、执行层和德育对象之间的互动方式以及德育工作机体的各构成要素之间的运作方式。从面向 21 世纪的大环境出发，根据德育的内在规律探讨高校德育新体制下的德育运行机制，是目前的重要课题。

(一) 高校学生思想政治教育管理机制的基本原则

1. 开放性原则

目前高校普遍在开放性原则上建立健全德育体制，这与以往封闭式的体制有所不同。

开放式的德育体制坚持党委领导、以校长和行政为实施主体，而封闭式体制则是单一的党委系统管理。开放式机制的主要要求有以下两个方面。

(1) 在校园内部，学校的德育工作贯穿学校工作的全部和始终，德育系统是一个全面概念，并不仅仅是为了开展德育工作建立的专门机构。因此，德育工作不仅存在于党委宣传部、马列教研室、思想品德教研室、学生工作处、校团委等部门，还有总务处、教务处和科研处等行政部门。

(2) 在校园外部，德育工作不单是学校的工作，还应该与社会和学生家庭紧密相连。这是因为，一方面，高校的学生最终都要走向社会，从而更好地认识社会、了解社会、服务社会，并且在这一过程中不断磨炼自己，提高自己；另一方面，社会和家庭是促进学校德育工作开展的有利渠道。所以，在 21 世纪新时代，高校建立起开放性德育机制是高校进一步发展的内在需求。

2. 有效性原则

判断高校的德育机制是否科学、合理，成效和效率如何，有效性是重要的衡量标准。有效性主要是看高校的德育系统运行过程中存在哪些问题，是否出现阻碍信息传递、工作效率降低、传递方向不一致的现象。所以，德育

体制运行的过程中必须考虑有效性原则，重点考察机制在执行能力、方向、整合目标等方面的工作。

3. 整体性原则

现代德育论认为，德育是一个由教育者和被教育者构成的多元多层的大系统，在这个大系统中，各部分、各要素之间既相互依赖，又相互作用，从而构成一个有机的整体。

德育运行机制的整体性包括系统结构的整体性和组织机构的整体性。系统结构的整体性是指德育系统必须包含决策、执行、反馈三个子系统，缺一不可。过去在德育运作过程中，比较注重决策和执行系统的工作而忽视反馈系统的工作，这种运行机制必然导致德育工作的主观性、盲目性，从而影响德育工作的效果。组织机构的整体性是指在设立德育工作机构时，要按照建立三个系统的实际需要，充分考虑每个机构的功能，做到按需设岗、按岗定人。

（二）高校学生思想政治教育管理机制的组成

根据构建高校思想政治教育运行机制的基本原则，完善的、科学的德育运行机制应该由以下几个部分组成。

1. 优化的决策机制

决策机制包括决策的机构、决策的程序、决策的形式和决策的规律。其基本要求是实现决策的正确性和权威性。

优化的决策机制是决策科学化和最优化的组织保证，是高校德育运行机制的核心。一个健全的、优化的德育机构应包括决策中枢、信息处理组织和智囊组织。学校党委是学校德育决策中枢，党委应该总揽全局，在充分掌握信息和深入分析研究的基础上，适时、准确地做出决策；信息处理组织负责对德育信息进行搜集、整理、综合分析后提供给决策层，作为决策者的决策依据，信息处理者对信息的处理应该是及时的、实事求是的，这一工作一般由党委的职能部门承担；智囊组织是由德育专家组成的，负责分析学校德育工作状况、拟定德育工作方案，并提供给决策组织。

2. 高效的信息反馈机制

反馈是一种对工作情况和工作效果评价的信息反映，建立一个高效的信息反馈系统是高校德育机制正常运行的重要保证。

一个信息反馈系统是否高效，其根本标志是该系统内信息反馈的灵敏度、准确度和及时性。高校德育系统必须据此构建自己的信息反馈机制。

（1）建立信息反馈系统。高校德育信息反馈系统主要由两部分组成：一是德育执行系统内的信息反馈系统，二是德育执行系统外的信息反馈系统。德育执行系统内的信息反馈系统就是按照德育执行系统的各个层次，自下而上地逐级反馈，以便于对决策、指挥、执行过程中出现的问题进行及时调研。

（2）做好信息处理工作。高校德育的信息处理工作主要包括三大要素，即信息的采集、信息的整理和信息的反馈。其中，信息的采集是基础，信息的整理是关键，信息的反馈是核心。其基本要求是真、准、快，尽量做到及时、迅速，使决策者能尽快修订方案，完善决策，以免贻误时机，影响工作。

3. 良好的激励机制

高校德育系统的激励机制主要由政策激励和竞争激励组成。政策激励就是依靠制订和实施有利于调动高校教职工德育工作的积极性、主动性的政策来推动德育工作的一种激励措施。由于高校德育工作系统是一个多层次、多方位的庞大系统，因此政策激励必须根据不同对象制定不同政策，采取不同激励措施，引导他们在具体工作中自觉开展岗位育人工作。竞争激励就是采取一定措施在德育系统内部产生一种竞争的态势，以促进德育工作的整体协调发展，其通常所采用的措施有评估、评比等。评估和评比既是一种导向，也是一种激励；既可以运用于对集体的评价，也可以运用于对个人的评价；既可以运用于对德育工作的综合评价，也可以运用于对某一德育活动的单项评价。建立高校德育系统的激励机制，使德育工作部门、德育工作者的积极性、创造性得到了充分的发挥。

4. 完善的执行机制

高校思想政治教育的执行机制是高校德育运行机制的关键。执行者的任务就是通过一定的机制把决策者对学校德育工作的决策付诸实施，使决策的目标得以实现。

高校德育系统的执行机制是一个多层次、多系统的庞大体系。从纵向看，它包括校级、院（系）级、年级、班级；从横向看，它涵盖了党委和行政的各职能部门，以及群团组织和它们的下级单位。

校长是学校德育工作的最高执行者和指挥者，对学校的德育工作负有全面责任。

作为学校德育工作主要职能部门的组织部、宣传部、教务处、学工部（处）等，既是党委决策系统的信息处理部门，又是行政执行系统的参谋部门和协调部门，还是执行系统的具体执行部门。它们担负着组织“两课”教学、指导院（系）工作、开展思想政治教育、协调“三育人”等具体工作，在学校德育工作中起着至关重要的作用。

第三节 高校思想政治教育融合大学生管理的作用与方法

一、高校学生思想政治教育管理的作用

（一）高校学生思想政治教育管理的地位

在现实社会生活中，人们的思想各不相同，但按其性质划分，不外乎正确思想和错误思想两大类。一切根据和符合于客观事物及其规律的思想都称为正确思想，它对客观事物的发展起着促进作用。反之，一切违反和不符合客观事物及其规律的思想叫作错误思想，它对客观事物的发展起着阻碍作用。在人类历史发展的长河中，无产阶级思想正确地反映了社会历史发展的客观规律，代表着广大人民群众的根本利益和要求，因此是最先进的思想，它对社会发展起着巨大的促进作用。

高校学生的思想政治教育管理，就是学校各级党政领导和有关管理部门，通过对学生思想政治教育的计划制订、组织实施、检查督促和总结评估等一系列组织教育活动，实现思想政治教育的最佳效果，为保证高等学校教学、科研等各项工作的顺利完成服务，为培养社会主义事业的建设者和接班人服务。因此，在高校学生管理工作中，思想政治教育管理居于首要地位，它具有保证和服务的双重功能。高等学校的各级管理者，只有充分重视和做好学生的思想政治教育管理，才是称职的管理者。

（二）高校学生思想政治教育管理的意义

管理是一门科学，也是一门艺术。在实际工作中，能否实行科学管理，其结果是大相径庭的。认真抓好高校学生的思想政治教育管理，对于办好社会主义高等学校是极为重要的。

1. 保证了党的教育方针全面贯彻

我国所有高校的高等教育肩负着重要的使命和任务，要为社会和国家建设培养各方面的人才。一般而言高等教育是社会主义建设宏大工程、实现可持续发展的重中之重。要想真正为国家输送源源不断的人才，必须认真践行落实党在教育方面的方针政策，坚持德智体全面发展，将体育、智育和德育看成一个整体，全面培养学生。在这三个方面，德育是体育和智育的保障，具有统领作用，其一般指广义上的思想政治教育工作。德育的实质就是要把反映社会主义生产关系、政治关系和其他关系的无产阶级思想意识和行为规范，深深灌输到受教育者的头脑中去，以期其成为无产阶级革命事业的建设者和接班人，成为全心全意为工农大众服务的公仆。为此，就必须发挥德育的“生命线”作用，切实把德育放在一切工作的首位，把思想政治教育管理放在各项管理的首位

2. 保障了学校精神文明的建设

精神文明建设包括思想道德建设和教育科学文化建设两个方面。高等学校既是发展科学文化事业的重要部门，又是培养社会主义事业建设者和接班人的重要基地。加强高校的思想政治教育管理，就能保证高校学生达到比一般同龄青年更高的思想道德素质，以同他们具有的较高的科学文化素养相对应，同将来所担负的社会责任相适应。高校学生是未来各条战线的建设骨干，社会主义精神文明的种子很大程度上靠他们去传播。因此，我们一定要坚持物质文明和精神文明一起抓，深入持久地开展适合青年特点的各项竞赛活动，认真抓好校风、学风和班风建设。为此，也必须加强思想政治教育管理，并采取切实的行政措施，严格规章制度。思想政治教育是无形的规章制度，而规章制度是有形的思想政治教育，两者互相补充，相得益彰。

3. 保证了思想政治教育自身改革的深化

改革开放不仅是要改革经济体制，为了适应时代的发展，教育体制特别是思想政治教育体制也要变革，而且这种变革必须自内而外、自上而下，从思想政治教育内部开始，变革体制的现代化、规范化和科学化，只有这样才能在思想政治教育的实践中有目的性、效率性和专业性地开展深化改革工作。

因此，思想政治教育自身改革要以思想政治的管理工作和教育工作为依据。从当下全国各个高校实行思想政治教育改革的主要做法来看，必须遵循

观念和行动的统一，具体参考以下六个方面：一是改变以往对思想政治教育极端化的认识，特别是“无能观”和“万能观”，要把思想政治教育与学生的切身利益紧密结合，要以帮助学生解决实际问题为重点，以解决问题为导向；二是在人才培养上，要改变以往为政治运动为中心的观点，转变为经济发展建设培养高素质人才，思想政治教育是人才培养的政治保障；三是在管理上改变传统的嘴说手写的方式，善于运用现代化工具、手段和新媒体，提高管理的科学性，建设思想政治教育的小环境；四是正确疏导学生，为学生灌输正确的人生观、世界观和价值观，善于利用生动灵活的教育方式；五是要深入学生群体，对学生的思想政治倾向开展调查，及时了解他们的思想动态，主动为学生做实事；六是认识到思想政治教育工作不是少数人的工作，高校应该形成合力，将德育工作放在首位，建立起一支以专业人员为主体、兼职人员配合的队伍，不断提高学生的政治思想素质。

4. 保障了安定团结局面的维护

随着我国经济、科技、教育和政治体制改革的深入与对外开放的扩大，必然涉及一些经济利益的调整，容易引起一些人的思想波动。加之改革是一场革命，在改革、开放过程中，因新旧体制和新旧观点的同时并存，改革与守旧、先进与落后、科学与愚昧的对立和斗争是不可避免的，在探索前进道路上出现一些失误也在所难免，这也会引起一些人的不满和心理失衡。要解决这些认识和思想问题、消除不安定因素，主要依靠思想政治教育及其严格的管理。在实际工作中，一是要切实关心学生的实际利益，主动解决应该解决又有条件解决的问题，满足他们合理的物质生活和精神生活的需要；二是要不断地进行“一个中心、两个基本点”的基本路线教育，进行人生观和道德观教育，进行民主与法制教育，使他们识大体，顾大局，正确处理个人、集体和国家三者的利益关系；三是要采取疏导方法，坚持说服教育，提高他们对安定团结重大意义的认识，懂得既要稳定又要鼓劲的道理。

长期以来，党非常重视思想政治教育工作。因此，深化思想政治教育改革，必须全面总结以往的工作，认识到其中的不足，结合当下改革开放发展的新形势，研究和探索适合时代和社会发展的思想政治教育工作机制，做好改革工作，从而维持好党的优良工作作风和传统，保障好党的政治优势。同时，必须深刻认识到高校思想政治教育工作的重要性，这不仅可以进一步提高高校学生学习的积极性和思想政治素质，也是高校坚持社会主义性质和方向的重要保障，更是衡量学校教育质量高低的重要标准。

院（系）是学校德育执行系统的第二子系统。其主要任务是接受上级关于德育工作的指令，并结合本单位的实际予以贯彻实施。日常工作由分管德育工作的副院长（副主任）负责。副院长（副主任）要充分发挥专职德育人员的积极性，特别是要着力调动专业教师的德育职能，注重发挥教学工作的德育渗透功能，使教学由单纯传授知识向培养学生综合素质方面转化。

学生年级（班级）是学校德育工作执行系统的基层执行单位，其工作直接面向学生，他们的工作状况如何直接关系到学校关于德育的决策、计划、实施方案能否得到落实。因此，学校应将工作重心放在年级（班级）。一般而言，年级可设专职或兼职辅导员，班级设兼职班主任，高年级班级还可以实行导师制。辅导员和班主任要选派事业心强、有一定德育理论基础和德育工作经验且有实际工作能力的同志担任。辅导员、班主任可以通过各种形式开展思想政治教育活动，要注重与任课教师的联系，通过建立教工党支部联系班级等制度，使教书育人、管理育人、服务育人落到实处。

二、高校学生思想政治教育管理的方法

高校学生思想政治教育管理的方法多种多样，不应强求一律。但从目前高校普遍行之有效的方法来看，主要有目标灌输法、积极疏导法、榜样示范法、调查实践法、心理咨询法、个别谈心法、自我反省法、奖惩结合法等。这些方法还可根据思想政治教育的不同任务和对象化为更具体的方法，而其中的积极疏导法、目标灌输法则是两个必须采用的基本方法。

（一）积极疏导法

所谓积极疏导法，简而言之，即疏通和引导相结合的方法。它是中国共产党历来坚持的说服教育、以理服人的方法在新时期的继承和发展。疏通，就是发扬民主，广开言路，分清是非，统一思想。引导，就是坚持原则，循循善诱，晓之以理，导之以行。疏通和引导是对立的统一，两者是互相依赖、互相贯通的。疏通中有引导，引导中有疏通，疏通是引导的前提，引导是疏通的目的，但两者又有差别，不能混为一谈。

坚持疏导法是处理人民内部思想认识问题唯一正确的方法。要坚持疏导法，首先必须明确它不光适用于学生，也适用于管理者。学生中有思想和行为的是非问题，管理者也往往有管理不善、不力、不当的问题，不能一味疏

导学生而不反省自己，否则，就等于疏而不导。其次要明确它并不排斥运用法纪。对于学生中少数严重违法乱纪者，该处分的也不能姑息迁就。否则，疏导法也会苍白而无力。只有这样，才算彻底地贯彻疏导法，才能在本单位形成一个又有集中又有民主，又有纪律又有自由，又有统一意志又有个人心情舒畅、生动活泼的政治局面。

（二）目标灌输法

学校教育就是教育者按照一定的培养目标，有目的、有计划、有组织地向新一代传授知识和技能，影响其身心发展，把他们塑造成为一定社会（或阶级）所需要的人的活动。所以，从这个意义上讲，任何教育都是一种灌输，没有灌输，就无所谓的教育。

社会主义高等学校的思想政治教育，尤其需要灌输。青年一代的无产阶级政治观、世界观、人生观和道德观等，不会自发地形成；在社会主义初级阶段，在意识形态领域中，资产阶级与无产阶级争夺接班人的斗争将是长期的，有时甚至是很激烈的。社会主义思想体系的任何削弱，就意味着资产阶级思想体系的加强。所以，必须加强党对高等学校的领导，加强对青年学生的思想政治教育的灌输工作。那种淡化党的领导、改造思想政治工作的观点，是违反马克思主义的。当然，我们在肯定思想政治教育的目标灌输法的同时，也要反对“填鸭式”的灌输方法，要提倡生动活泼的春风化雨式的教育方法。

第四节　高校思想政治教育融合大学生管理的发展措施

第一，建设丰富的校园文化，促进融合发展。当前高校在开展学生管理和思想政治教育工作中缺乏对校园环境的利用。高校将思想政治教育理念融入校园文化当中，通过优秀校园环境创造出丰富的校园文化。一方面在优秀校园文化中能够营造出有利于高校学生发展的气氛；另一方面，这种气氛的营造能够在潜移默化中改变学生的思想观念和行为模式，帮助学生成为符合社会发展的优秀人才。

第二，以网络手段促进融合发展。计算机技术手段能促进高校学生管理与思想政治教育工作融合发展，扩展学校的管理方式。通过网络手段也更容易使学生接受思想政治教育中的理念，网络手段的应用有利于多角度、多方向地阐述高校学生管理和思想政治教育工作的内涵。同时，网络在传播信息方面具有快速、迅捷的优势，通过网络能够实时把握社会政策发展需求。鼓励学生在网络平台上发言交流，也能够帮助学校了解学生心理，掌握学生思想状况的变化，给学生提供更好的服务。

第三，坚持学生的主体作用。将高校学生管理与思想政治教育工作融合发展，应当以学生的利益为前提，充分意识到学生的主体地位。要在尊重学生的前提下开展各项工作。同时，发挥学生的主观能动性，提高学生的独立性，使学生在工作、生活各方面都能够具有一定的独立能力和判断能力。

第四，采用多样化的思想政治教育模式。高校在学生管理与思想政治教育工作融合发展中，应当使学生认识到自己在社会整体发展中的作用，提高学生的社会责任感。采用多样化的思想政治教育模式，有利于增强学生对于思想政治教育的兴趣，提高学生的思想政治学习效率，帮助学生认识到建立正确世界观、人生观、价值观的重要性。学生思想政治觉悟的提高，能够使学生自觉提高自己，把自己的思维模式和行为模式向马克思主义思想下的思维模式和行为模式靠拢，使自身的思维模式、行为模式科学化。由于思想政治教育和学生管理在对学生的要求上具有一定相似性，因此通过多样化思想政治教育模式能够使学生自觉遵守高校的学生管理条例。

第五，重视大学生心理问题。针对大学生群体普遍存在的心理问题，高校可以适时开展心理调查服务，及时发现学生群体可能存在的心理问题。同时，高校可以设置心理室，请专业的心理咨询师为学生提供心理咨询服务，帮助大学生释放心理压力。高校还应当开展各种活动，为大学生提供多种展示自我的平台，让大学生在各种活动中发光发热，找到自我定位。一方面，学生通过参加各种活动能够缓解在学习中累积的压力，学生在活动中取得成绩还能够提高自身的成就感；另一方面，各种活动的开展必然需要学生管理制度的配合，能够使学生有意识地遵守各项制度，使高校学生管理制度落到实处。

第五章

高校学生管理的大数据赋能

第一节　大数据赋能高校学生管理的内涵

一、大数据概念辨析

大数据是大数据赋能高校学生管理的核心概念，也是大数据赋能高校学生管理的基础，具有丰富的内涵和重要的价值。下面从大数据的概念内涵入手，分析大数据具有的内涵特征，深刻厘清大数据的功能价值，为分析大数据与高校学生管理内在联系奠定基础。

（一）大数据的概念内涵

厘清大数据的概念内涵，先要厘清数据和大数据二者之间的联系和区别。数据是指在日常生活、科学研究、生产管理等各个领域，用来描述记录事物的符号、数字、图形、图表、字母等，既可以是具象的，也可以是抽象的，是信息的载体，能够进行计算、统计、传输及管理等。根据不同的分类标准，数据的分类也不同。根据统计类型分类，数据可分为文本数据、图像数据、视频数据等；根据数据用途不同，数据可分为个人数据、政府数据、科研数据等。数据库技术的发展极大地提高了生产活动中数据管理的效率。有学者通过分析数据库认为数据的发展主要经历了 3 个阶段，分别是数据被动产生的运营式系统阶段、数据主动产生的用户原创内容阶段、数据自动产生的感知式系统阶段。数据因生产活动的需要而产生：随着互联网和移动设备的快速发展，人们能便捷地在网上发布信息，这便生成了大量的网络数据；随着科技的发展，数据的产生不仅局限于人类主动生产的信息数据，更多的是由设备自动获取。

随着数据生产方式的巨大转变，数据的产生不再受时间和地点限制，数据产生的速度和体量呈现指数级增长，人类历史上从来没有像今天一样产生过如此海量的数据。目前就“大数据”的概念来说，许多学者和数据专家对大数据都做过内涵阐述，尚未形成统一描述，但都认可大数据技术的核心是从各式各样、数量庞大的数据中快速获取数据价值的能力。MBA 智库 · 百科中将大数据定义为“无法在一定时间内用常规软件工具对其内容进行抓取、管理和处理的数据集合”。这些数据集合的大小和复杂程度，通常超过人类可接受的时间范围，从数太字节到数兆亿字节不等，通常呈现体量大、速度快、类型多、价值密度低等特点。但日常所说的大数据还包含大数据技术，并通过对海量、高增长率和多样化的信息资产进行专业处理，得到有意义的数据，实现数据的增值。

大数据时代对于高校学生管理中数据信息传递和管理方式方法都提出了不同程度的新要求。许多传统的数据分析和处理技术，已经难以满足现代社会对海量数据应用的需求。随着物联网技术和网络技术的快速发展，社会各领域数据激增，大数据的来源领域十分广泛，由此产生的各种类型的数据，以及相应的处理方法更是千差万别。但总体来说，大数据处理流程基本是一致的，主要包含数据收集、数据存储、数据分析、数据挖掘等几个步骤。其中，最关键的是对于数据信息的分析处理，因此采取何种数据处理技术也就至关重要。通过运用大数据技术分析整理种类各样、需求各异的数据，对散布的各类信息数据进行收集处理，加载到数据库中，并采用统一定义的结构来存储这些数据；将数据处理为计算机能读懂的语言进行转换集成；将海量数据中隐藏的数据价值挖掘出来，获取有价值的信息，并利用各种可视化技术，将结果以显而易懂的方式形象地展示给数据用户，满足用户的使用需求。

（二）大数据的主要特点

2001 年，META Group 的分析师 Doug Laney 在研究报告中概括出大数据的“3V”特征，即 Volume（大容量）、Variety（多种类）和 Velocity（高速度）。Volume 主要是指大数据包含巨大的数据体量，但这个大又不单单是绝对意义上的大，更多的是指对数据的全面完整的获取。其通过收集全面而完整的数据来提升预测的准确性。随着互联网、物联网等技术的发展，各类设备能够自动便捷地收集数据，从而获取数据的完整性和全面性得到极大地提高。Variety 是指大数据包含各种不同类型的数据信息。科技的发展使得各类设备能相互连接，由此产生的数据也存在内在关联，从而构成种类繁多的数据类型，因此在大量的数据下很难保持数据收集标准的一致性。Velocit 是指大数据生产的快速动态性和及时互动性。数据交换速度的提高，能够更快地满足生产管理活动中的实时性需求。在大数据背景下，关联性分析作用突出，其可以更快捷、更容易、更清楚地分析事务，如可以通过特定地理位置、特定词条搜索排行、了解当前地区的关注热度。

维克托·迈尔·舍恩伯格和肯尼斯·库克耶编写的《大数据时代》中提到了大数据具有 4 大特征，即在 Volume、Variety、Velocity 的基础上又提出 Value（低价值）。Value 主要是指大数据的价值密度较低，数据量大并不意味着价值量大，数据量的大幅度增加会造成结果不准确，反而需要“海底捞针”。大数据技术更重要的不是准确性，而是把握大的趋势，借助智能分析、数据挖掘等技术提取出有价值的信息，发现新的知识和规律，通过预测指导实践做出正确决策。随着技术的发展，互联网数据中心（Internet Date Center，IDC）在“4V”的基础上增加了 Veracity（准确性）。Veracity 是指大数据的质量，数据分析的基础是大数据的内容，有意义的数据必须是真实准确的。近年来，随着大数据技术的不断发展，大数据技术的复杂程度越来越高，对于大数据特征也不断有学者提出新的论断，对大数据特征的描述还出现了“6V”“7V”等不同的概括描述，但目前学界普遍认同的还是“4V”特征。

二、大数据赋能高校学生管理的概念定义

大数据赋能高校学生管理中另一核心概念是“赋能”。赋能将大数据和高校学生管理连接到一起，因此有必要研究“赋能”一词的含义。“赋能”来源于授权赋能，是管理学领域的理论概念。赋能理论是指对资源进行分配和转移使“弱者”能够主动发挥个人潜能，更好地发挥激励和促进员工的作用。随着研究的不断深入，赋能理论衍生出技术赋能、制度赋能、权力赋能等更

为细致的研究方向。大数据技术赋能本质上是技术赋能，主要是通过技术来更新管理协作方式及手段的赋能。大数据赋能高校学生管理就是将大数据思维运用到高校学生管理中，借用大数据技术来解决高校学生管理中的难题。

首先，管理对象特点发生巨大变化。随着社会的迅速发展特别是互联网的快速发展，当代大学生的思想活跃、个性化强、个体差异性大，因此高校学生管理不能采取简单一刀切式或是一言堂式的管理方式。其次，管理环境发生巨大变化。数据俨然已成为新的生产要素。随着互联网、云计算和物联网等大数据技术的迅猛发展，数据收集变得自动便捷，获取数据的完整性和全面性得到极大地提高，高校内学生数据量增量迅速、形式多样，原来的数据处理方式和管理理念难以跟进大数据时代的发展趋势。高校学生管理中不得不面对大数据新环境，而大数据技术的逐步完善为高校学生管理创新建设提供了发展窗口。高校借助大数据技术能够基本实现对各类数据的有效整合，解决海量多样的数据处理难题，解决管理过程中信息不对称的基础问题。

高校学生管理大数据是指高校在学生管理过程中汇聚收集到的与学生管理活动相关的，涉及学生学习、生活、思想等各方面的学生外部学习生活数据和各部门的内部业务数据。从高校学生管理大数据的性质来看，高校学生管理大数据涵盖的学生信息类别多样、范围广泛，高校学生管理大数据是记录了学生活动的全面数据，既有学生主体的思想学习生活的各类信息数据，也有管理学生的各职能部门数据；从高校学生管理大数据的质量来看，高校学生管理大数据的精确度高，但是数据的质量并不高。通常情况下，高校学生管理大数据一般是由学生管理部门或者二级学院发起收集，数据内容相对真实，但因各部门大数据应用水平存在差异、采取的技术方法和应用工具不同，造成各个数据源头采用的数据记录归集的方式不同、数据格式复杂、数据库类型多样。例如，有些职能部门还在使用纸质留档，这就造成目前高校学生管理大数据的格式标准不一、质量不高。要充分运用高校所拥有的学生管理数据资源，构建出高校学生管理大数据的全数据治理链，这对提高高校学生管理水平、促进高校学生管理现代化具有重要意义。

大数据赋能以大数据的数据挖掘、分析和整合为手段，可以有效激发参与者主体性意识，增强高校在大数据背景下对学生管理的管控力，创新高校学生管理的方式手段。在大数据赋能下，高校学生管理者的地位得到了增强，管理效能得到了提升，学生管理工作得以有效地开展。一是大数据能快速动态反馈数据变化。大数据能及时反馈学生数据，进行实时互动交流，降低管理沟通成本，同时还能够更快地筛选学生问题和需求，发现信息数据中的内在联系，了解突出问题和风险，为精准管理提供信息支撑。二是大数据能指导科学决策。在快速掌握手中的信息、物质、社会等资源的同时，也能及时协调学校各部门共同响应，以最快的速度发现问题、解决问题，帮助学生。三是大数据能提高管理精度。高校学生管理既要关注学生“共性”问题，也要关注学生“个性”需求。大数据的数据挖掘和分析能力能够在繁多的数据中抽丝剥茧，发现有价值的信息数据和各类事物之间的联系。借助大数据可以更好地聚焦当前管理工作中的难题，以问题为导向，及早进行干预和处置活动，以点带线，精准达到预期管理效果，从而对学生进行更精准的管理服务。大数据可以使高校学生管理的多方协同、精确高效和前瞻性等得到显著提高，实现高校学生管理内涵式发展。

三、大数据赋能高校学生管理的价值探究

大数据赋能高校学生管理是高校在大数据时代，寻求发展之路的积极创新之举。大数据赋能高校学生管理的价值探究如图 5－1 所示。在大数据技术的加持下，高校学生管理的工作手段和方式更加灵活，工作覆盖面更加广泛，极大地创新了高校学生管理。随着大数据赋能高校学生管理实践的不断发展，大数据的效能与高校学生管理的具体功能场域结合更加密切，应用实效也不断显现和改进。下面从大数据赋能高校学生管理的价值功能出发，探讨大数据赋能高校学生管理在具体管理场景的应然状态，进而为探究大数据赋能高校学生管理的现实问题和症结剖析打下基础。

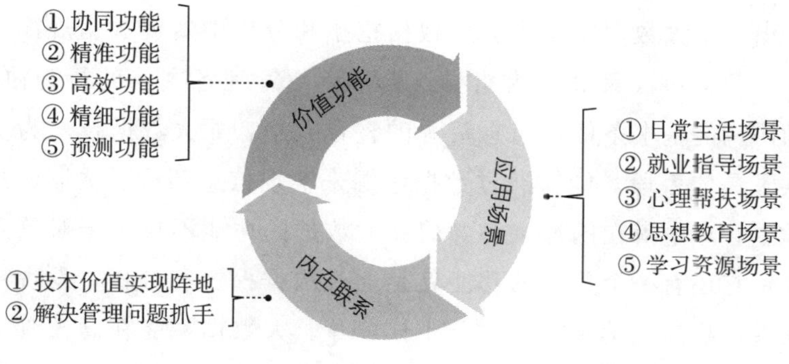

图 5－1　大数据赋能高校学生管理的价值探究

(一) 大数据技术与高校学生管理的内在联系

大数据赋能高校学生管理的内在联系是大数据赋能高校学生管理应有的价值功能和应用场景的决定因素。根据大数据赋能与高校学生管理的概念辨析，以赋能理论为基础可以看出，高校学生管理是大数据技术价值实现的重要阵地，大数据技术是高校学生管理解决现实问题的重要抓手，二者在行动目标、驱动机制、行动路径上相契合，具有内在联系。

高校学生管理对大数据赋能具有迫切需求。随着智慧校园建设和网络发展，校园内积累了大量教育数据：一方面，智慧校园中校园一卡通、人脸识别等技术的应用，抓取收集了大量的学生数据；另一方面，现代大学生在校园网、贴吧、微博等主动创造了大量数据。这些数据种类多样、体量巨大。传统管理教育手段，很难将格式多、体量大的数据进行快速处理，特别是难以对学生思想观念、心理特征、价值取向等信息数据进行量化和应用。要将海量的高校学生管理数据，真正转变为高校学生管理的资源，运用到高校学生管理的创新建设中，首先必须克服数据整合的壁垒。而大数据技术对各类数据实时抓取和分析的优势，正好能够实现对学生思想动态全过程追踪，基本实现各类数据的有效整合，对学生各阶段的状态特征进行动态评估，实现更高效、及时的教育管理工作，并能够根据管理效果和学生意见及时做出动态调整，提高学生教育管理服务的质量和效率。通过大数据技术对高校学生管理过程的优化、重组和重塑，提升高校学生管理效能，促进高校学生管理的科学化、精准化和智能化。

大数据对各类数据信息的强大整合和分析预测能力，在很大程度上解决了传统高校学生管理中信息不对称的基本问题，为高校大数据资源的应用提供了发展窗口。大数据技术能够从数据挖掘和分析中发现数据规律，从而为高校学生管理提供决策和行为指导，提升学生管理各主体的行为协调能力。实现行动协调的基本条件是信息资源的整合共享，而大数据技术为实现行动协调提供了具体手段，能够通过数据挖掘来实现信息匹配、关联、预测，消除高校学生管理中潜在的冲突和障碍。大数据的功能不仅限于对信息数据资源的整合，它还有一个重要的功能就是通过数据挖掘和分析，发现事物之间的强关联性，将高校学生管理服务工作前置。大数据赋能在高校管理工作之中，借助大数据技术对已有信息的数据整合分析，能够预测高校各学生管理主体的行动策略，有利于实现高校学生管理主体之间的协调行动，可以在很大程度上改变之前学校与学生、学校与社会、部门与部门之间的信息不对称状态。

大数据赋能高校学生管理有巨大的潜力。一是大数据对数据的快速高效的处理能力，能够提升高校学生管理在网络化时代的信息处理能力，节省大量的人力、物力资源，提升学生管理工作效率。随着大数据技术对信息的挖掘、收集、储存、加工等能力的提升，高校学生管理数据信息可以进行大批量集约化处理，这既降低了高校学生管理的成本，也扩展了高校学生管理工作的职能范畴。二是大数据赋能高校学生管理缩短了信息传递路程，也使得信息流失减少，提升了信息互动交流的质量。虽然相比于传统纸质文本信息传递，在互联网和计算机的普及下，信息传递的速度和质量已经得到了很大的提升，但是仍依赖于传统层级节制的科层体制，限制于冗长拖沓的传递路径，信息传递速度也迟缓低效。通过构建高校大数据整合平台，信息数据传递变得更加简洁畅通，各管理主体可以便捷参与跨级跨院沟通的信息传递和信息获取。高校学生管理在大数据平台的支持下，走向更加扁平化、去中心化的网络模式。三是大数据拓展了信息传递途径。高校学生管理层级体系的正常运转，很大程度上依赖于各部门各学院之间信息及时沟通这一基础。但是随着大数据技术的发展，高校学生管理上下层级之间的依赖性被削弱，大数据的运用使基层部门的决策变得更加迅速和独立，大数据提供信息也使上级学生管理部门决策更加科学、民主。

结合上述对大数据赋能高校学生管理现实需求和发展潜力的分析能够探知，大数据赋能和高校学生管理的契合主要有以下三个方面。一是行动目标相契合。大数据赋能的根本目标是将大数据融入组织管理逻辑，以实现目标绩效为导向，通过大数据技术驱动和应用，促进组织高效运转和持续发展，提升组织管理效率。从实质上讲，高校也属于科层组织，其目的就是提高管理能力和管理效率。将大数据思维和方法融入高校学生管理工作之中，可以增强高校学生管理的系统性、协同性和连贯性，建立“共治共享”的高校学生管理共同体。将大数据赋能运用到高校学生管理场域当中，能够推动各个高校学生管理主体利用大数据技术，形成新的管理共识和厘清管理目标，从而将目标转化为具体的行动实践。二是主体驱动机制相契合。从大数据赋能视角出发，由领导层建立大数据赋能的制度体系，营造大数据赋能的组织氛围，借助大数据技术激发组织内各个部门和成员的主体能动意识，进而形成相互协作的分工体系。高校学生管理场域中也涉及高校机关部门、教师管理人员、普通学生等多元主体，将大数据赋能理论运用到高校学生管理中，有利于明晰各主体间的角色与功能定位，激发形成协同共享的工作体系，形成以领导引领和行动驱动的双向核心管理模式。三是行动路径相契合。二者都强调以自上而下的方式赋能组织成员。大数据赋能理论的实现途径是借助大数据技术来优化组织部门结构，赋予部门成员更大的参与权和决策权，进而增强组织成员的效能感，更好地达成组织任务目标。高校学生管理的实践路径同样是以发挥学校党委和学校部门的主导作用为前提，二者都强调以自上而下的方式赋能组织成员利用大数据技术，充分发挥高校多元主体的治理功能，提高高校学生管理工作实效，进而逐步形成开放多元、互利共赢的高校学生管理协同大格局。

（二）大数据赋能高校学生管理的价值功能

大数据赋能高校学生管理的关键是将大数据技术与学生管理深度融合，提高高校学生管理实效。借助大数据技术，大数据赋能高校学生管理使得高校学生管理的数据挖掘和数据分析更加精准和动态，大大提高了数据信息处理效率。在大数据技术的加持下，高校学生管理的工作手段和方式更加灵活，高校学生管理的工作覆盖面更加广泛，育人功能更加凸显，管理主体更加协同，极大地创新了高校学生管理，提升了高校学生管理主体合力和现代化水平。

1. 协同功能：大数据驱动高校学生管理多元主体协同

高校学生管理过程主要包含学生管理政策制定者、学生管理执行者和学生管理遵守者三个主体，具体主要指学校学工管理部门、院系学工队伍和学生群体。但由于信息不对称、政策执行偏差、学生个性化凸显等因素，各主体之间缺乏管理的协同性、系统性和连贯性，学生管理呈现“碎片化”“条块化”现状。大数据技术赋能高校学生管理，将开放互动的互联网思维应用到学生管理之中，打破了传统“金字塔式”层级管理方式，创新优化了高校学生管理各部门间及其内部的信息传递模式，推动了高校学生管理机制从层级权威转向数据引领，推动了学生管理方式条块分割从主动协同、单一部门负责转向多元协同。学生个体成为学生事务管理的参与主体，数据信息传输迅速，各主体能够及时反馈沟通自身需求和意见。同时，借助大数据平台，能够快速及时掌握各类信息数据和资源，了解当前政策制定方向和改进之处，及时反馈协调各管理主体，减少管理中的矛盾和冲突，构建平等互动的管理协作模式，共同形成决策方案。

大数据时代，高校学生管理面临的是比以往更具开放性、多样性和复杂性的管理环境。这不仅要求高校学生管理及时创新管理方式方法，同时也为高校学生管理能力创新发展提供了新的管理思路和技术工具。随着大数据赋能高校学生管理实践的不断深入，高校主管部门、院系学生管理主体的大数据治理思维不断加强。信息技术基础设施的完善，不断推进大数据赋能。从业务匹配、技术融合、数据应用的维度，搭建多元融合的立体大数据赋能框架；从目标协同、主体协同、路径协同的维度出发，开展一体化大数据赋能的组织规划协调；构建多元主体协同参与机制，从而促进大数据赋能与高校学生管理工作业务的深度融合。在高校学生管理的各方面融入大数据思维，可以形成高校学生管理的协同效应和整体治理实效，使得大数据赋能高校学生管理在提高学生管理工作效能的同时，因高校学生各主体间的交互协同关系的加强而引起高校学生管理结构向扁平化转变，从而推动高校学生管理创新发展。

2. 精准功能：大数据促进高校学生管理服务精准实施

不同于其他管理活动，高校学生管理的对象主体为高校学生。当代高校学生思维活跃，自我意识强，学生主体的个性化需求不断增多，同时伴随着网络和社会环境变化的不断加快，高校学生管理过程也更加复杂。借助大数据赋能，要深度挖掘分析学生学习行为数据、校园生活行为数据等，精准刻画学生数字档案，细致了解每一个学生的学习风格、生活习惯、心理动态等，精准制定学生个性化发展方案。同时，根据高校学生管理目标的不同，管理者可以运用大数据技术，以数据挖掘、可视化等形式，精准筛选学生信息，能够从海量数据中，及时抓取到有价值的数据信息，实现点到点、面到点的个性化服务。大数据可以提高数据传输速度，同时减少信息在传递流程中的数据失真和数据流失，能最直接地了解管理对象需求，从而精准实施管理行为，优化资源配置，增强高校学生管理的精确化。随着科技网络的发展，传统人类社会的现实空间局限被打破，在网络虚拟空间社会里，人与人之间的关系被重新构建，这使得大量分散的数据资源在网络空间集聚，形成规模效应，将闲置数据资源变成了可交易的数据资源，从而构成以数据为核心联结的新型关系网络。

借助大数据技术，高校学生管理能够实现对数量庞杂、类型多样、价值密度低的高校学生大数据资源进行快速处理，精准匹配供需双方需求，使高校学生大数据资源的利用率得到有效提高，并且能够实现对学生个体数据的精准抓取和服务管理，推动真正实现高校学生管理的全面管理服务的价值目标。以数据和运算为核心的大数据技术的运用，可以对学生管理过程中产生的多类型跨维度的数据资源进行挖掘分析，并对各治理主体进行不同程度的数据赋能，从而提升数据与信息在治理场景中的应用价值。大数据赋能高校学生管理在很大程度上解决了管理过程中信息不对称的基本问题，改变了传统高校学生管理结构中各职能部门之间的条块分割关系，使得彼此互联互通、数据共享、精准化沟通更加便捷，促进多元管理主体之间的协同合作，充分发挥高校学生管理中各自的优势。大数据赋能高校学生管理，为创新学生管理方式提供了核心技术支撑，能够有效提高学生管理的治理准度，使学生个体的管理服务能精准施策。

3. 高效功能：大数据激发高校学生管理资源调配动能

高校学生管理涉及学生学习生活和成长发展的各方面，既要高度关注学生学习生活诉求、思想情绪变化、个性发展需求，能够及时地、直接地了解学生的思想动态和需求转变；又要多方协作，突破传统高校学生管理服务界限，在资源调配、数据共享和部门协作等方面密切配合。在以往高校学生管理过程中，这些工作往往耗费大量的人力、物力，且效率较低。而大数据为高校把握学生动态和部门协作提供了窗口，大数据挖掘和数据分析速度较快，能够及时快速地了解和评估高校学生管理中的突出问题和风险，同时协调多方资源，共同探究科学的、有针对性的措施，以最快的速度发现问题、解决问题，极大地提高了高校学生管理效率。借助大数据技术赋能促进高校学生管理的高效化，有利于推动学生健康成长，个性化、全面化发展。大数据的精准分析促进了精准高效的学生管理的实现。

大数据为高校学生管理开辟了快速获取信息的新路径，利用人脸识别、图像识别、智能传感等智能技术，使以往难以归集的师生关键数据资源得以有效整合，可在与学生密切相关的学工、后勤、教务、学院等高校各管理主体间实现跨部门、跨层级、跨系统数据流的智能监测分析。同时，借助大数据算法对体量巨大的数据进行价值挖掘和分析整理，可以提高数据分析的高速度和精确度。治理工具的创新是高校学生管理效率提高的关键要素。通过大数据对学生大数据信息进行精准、动态、科学的分析，可以提升信息数据的处理效率，实现数据资源高速度高质量地转化为数据价值，为高校学生管理各个部门和主体之间划分权责、高效互动提供了技术和数据支撑。同时，利用知识图谱等技术和工作留痕等方式，将抽象学生管理过程转化为具体数据衡量指标，可以推动高校学生管理流程进一步简洁高效，完善大数据赋能高校学生管理的组织结构。

4. 精细功能：大数据增进高校学生管理过程细腻程度

高校学生管理区别于其他管理活动，特别是区别于企业管理，其最终目的不是提高效率，而是在管理服务过程中发挥育人功能、突出教育管理的人文关怀，因此要更加注重高校学生管理过程的细腻化程度。大数据赋能高校学生管理，一是能够快速整合、挖掘分析学生信息数据，快速洞察以往难以准确把握的学生心理动态、思想动态，精准刻画学生数字画像，为高校学生管理的精细化、细腻化提供数据支持，及时为管理者战略调整提供行动方案与路径方向，为学生提供个性化服务。二是能够推动构建学生事务一体化平台，实现信息同步和共享，加强部门协作，提高资源利用效率，整合学生各方面数据，为学生提供更好的教育管理服务提供便利。在管理过程中，管理者借助大数据平台能够及时快速掌握学生动态，加强与学生之间的交流，精准分析学生群体的需求变化、诉求建议等，根据学生反馈及时动态调整管理决策和管理方式，提升管理过程的细腻化程度，切实发挥管理育人实效，回归教育本身。

大数据赋能高校学生管理，在大数据对信息的储存、加工、挖掘等能力不断提升下，使原本的学生管理结构从窄幅度转变为宽幅度、多层次转变为少层次，管理结构更加扁平化。在大数据支持缺乏的时代，高校学生管理的信息传递依赖传统层级体制，信息传递路径拖沓，信息传递效率较低，在信息传递的过程中容易造成信息数据的丢失和失真，学生的真实诉求可能无法表达。借助于大数据整合平台，信息数据传递变得简洁容易，信息传递对传统上级传递信息路径的依赖程度减弱，上下层级沟通交流走向更加扁平化、平等化的网络模式，学生管理超越了传统层级的沟通方式，学生的诉求建议和动态变化能第一时间真实地反映到学生管理相关部门，而且学生管理部门可以借助大数据赋能更加细致直接地了解学生，做出针对性强、细腻化高的管理决策。

5. 预测功能：大数据提升高校学生管理风险预判能力

社会发展的影响是双向的，在带来便利的同时，也使得当前高校学生管理面对的管理环境更加开放复杂，风险增多且叠加性增强。高校学生管理工作必须加强前瞻性，提前布置、提前工作，将隐患风险扼杀在摇篮。当前高校学生管理信息数据海量，人力难以从纷繁复杂的数据信息中，快速抽丝剥茧，找到问题关键和关键联系。而大数据的分析预测价值凸显，管理者可以利用数据挖掘、关联分析等功能，对高校学生管理中的学生行为数据和重点检测数据进行分析预判，从而进行早期干预和资源配置活动。通过大数据技术赋能高校学生管理，有利于高校风险防控和精准决策体系的建立健全，进一步增强了高校学生管理的前瞻性，对后续管理工作具有重要作用，特别是对制定科学管理政策和实行精确高效管理具有重要作用。通过大数据赋能高校学生管理，可以对学生学习生活行为和校园危机发展走向进行预测分析，增强高校学生管理的前瞻性。

大数据具有开放性、动态性、快速激增等特点，学生可以从网络等渠道便捷获取各种信息，但多数信息并非正面有用的。这就需要借助大数据帮助学生提前对搜索浏览的数据信息进行辨别分析和预测预判。例如，大学生在人际关系和课业成绩不顺时，容易产生心理危机，往往会通过微博、微信和QQ等社交平台来表达自我，并寻求解决办法。那么，通过大数据赋能可以对这些学生数据进行分析挖掘，实现对学生思想行为波动的分析及预测，进而高校学生管理者可以采取针对性的学生思想教育和心理教育帮扶，避免发生校园危机事件。同时，高校学生管理者可以利用大数据算法对学生学习状况进行动态评估，预测学生学习发展趋势及未来的学习表现；通过记录浏览次数和点击数量来分析判断不同课程对不同学生的刺激情况，以便分析判断哪些课程需要改进，哪些学生需要关注；为知识掌握程度不同的学生，提供个性化学习方式和方法，进而对学生群体学习行为轨迹进行规律预测。借助大数据赋能，可以充分发挥校园学生管理大数据价值，为学生管理舆情监控和校园危机事件提供高适配性服务，能及时预测学生管理舆情和危机事件发展趋势，进而掌握学生管理舆情主要观点、校园危机事件主要人和物等信息。

（三）大数据赋能高校学生管理的应用场景

大数据对社会各领域的赋能作用，已被大家所熟知。但如何促进大数据与高校学生管理的深度融合？应将大数据思维融入高校学生管理逻辑，重新思考大数据在高校学生管理，明确大数据在高校学生管理的应用场景，进而在实践中探究大数据对高校学生管理的价值功能，显现大数据如何赋能高校学生管理现代化和智能化创新，借用大数据技术来解决高校学生管理中的现有难题。

1. 高校学生日常生活场景

首先，高校学生日常管理场景，主要是指学生日常生活教育管理服务工作。借助大数据赋能高校学生日常管理，可以更好地掌握学生学习生活动态，为学生管理决策服务工作提供及时、动态、可靠的信息数据支撑。高校学生日常管理要保障学生的生命安全、健康成长，那么掌握学生日常进出校门、宿舍楼的数据就尤为重要。随着大数据的发展，高校陆续都开始加装智能门禁系统，其借助人脸识别系统、大数据分析技术，可以及时掌握进出学生的行程动态，特别是在突发卫生疾病发生时，能够有效对学生行程进行摸排，减少大量的人工工作。此外，将学生各类日常数据统计（如晚自习点名、学生问卷收集等）转移到线上平台，能够及时得到年级、学院、全校学生数据，并能及时进行动态反馈。其相对于人工统计核对数据，能够更好地保持数据的真实性，为学生日常管理提供可靠的参考数据，极大地提高了当前学生日常管理的效率。

其次，要做好学生的日常生活学习管理，做好学生成长发展的保障、护航、帮扶。在学生学习管理中，通过教务网络平台、手机客户端等，学生可以进行便捷的课程选择调整、考试补考缓考等事务，及时查看自己的学业进度、各类考务信息等。同时，学校学院教务可以对学生学习进行学业预警、学习课程考试提醒等，并借助应用的大数据分析结果了解、掌握学生的学习进度、挂科率、喜爱课程、教师评价等，更好地进行学生学风建设和课程改进等工作。在学生日常生活中，要做好学生的关心关爱工作，特别是困难学生的帮扶。例如，有的高校借助对学生校园卡消费的大数据分析，精准识别家庭困难学生，有效弥补了学生个人主观陈述申请的片面性，借助数据对学生进行隐形资助，保护了学生的自尊心，让资助工作更有温度。做好学生管理工作，离不开与学生形成良好的沟通关系，学校可以搭建“师生热线”“服务大厅”等大数据平台，及时了解当前学生建议意见，及时作出回复与调整，极大地提高学生管理的服务水平和工作效率。同时，可以分级设置大数据平台查询管理权限。

2. 高校学生就业指导场景

就业是一个国家最重要的民生工作，高校学生作为就业工作中的重要群体，高校学生管理工作的重要任务之一就是为学生提供生涯规划和就业创业指导，帮助学生顺利地进入社会。大数据从各式海量数据中快速获取有价值信息的能力，极大地拓展了高校就业工作覆盖面。应将大数据优势融入就业工作，在原有的就业大数据基础上，进一步拓展就业信息数据收集和匹配等工作，及时对就业信息进行不定向收集存储、定向抓取、精细化处理、创新化运用等，构建高校就业工作的大数据分析系统，建立高校就业大数据库。高校利用大数据整合信息，构建就业大数据，把就业大数据进行科学、细致的整理和分析，将高校招生、培养、学工、就业等职能部门所收集的基础信息进行共享，了解学生的基本信息和发展情况，从而推送与学生实际相匹配的就业信息；将毕业生对单位类型、就业地区、薪资要求等关键求职意愿信息数据与招聘单位需求学历、需求专业、需求技能等招聘关键需求信息数据进行比对匹配，为毕业生与用人单位精准推送相匹配的供需信息，为学生提供所需的就业工作信息数据资源，同时也为就业单位提供匹配人才，从供需两端同时推进，精准对接，实现毕业生高质量充分就业。

借助大数据技术，构建高校就业服务体系和平台，为学生提供精准就业指导服务，实现供需精准匹配，提高高校就业工作的精准度和实效性。高校通过对毕业生的学习发展、求职需求、就业过程及用人单位考核、录用过程的数据收集，建立就业大数据库。充分分析挖掘就业大数据，在学生职业生涯指导服务、毕业生求职帮扶、校园招聘情况分析、毕业生就业流向分析等方面，实现从共性到个性、从粗略到精准的就业服务转变，促进学生个性职业规划、毕业求职发展、就业落实跟踪无缝对接。借助就业大数据，监测和分析大学生就业创业动态，做好线上监测、线下推动、预警帮扶的就业工作，搭建线上线下相结合的就业精准供需平台，及时对接省市和国家就业咨询信息，为毕业生和招聘单位提供双向便捷服务，实现学生就业状态“云服务、云诊断、云帮扶”，解决好大学生懒就业、慢就业问题，做好大学生精准就业工作。同时，通过建设和管理大学生求职意愿信息数据库，借助职业测评等方法，收集学生各学习阶段的求职需求和求职心理的动态数据，为大学生就业创业指导提供数据参考和决策依据，帮助大学生进行职业生涯规划，明确未来发展职业定位。除此之外，还可以充分利用就业服务平台的线上互动功能，邀请政府人才引进负责人、企业人事部门负责人、优秀毕业校友、就业创业指导师等开展就业指导讲座，对大学生就业进行阶段引导和全面教育，使大学生及时准确地了解当前就业形势、行业发展、企业需求等信息，帮助他们树立起积极的就业观和正确的择业观，增强就业能力和素质，提高毕业生就业质量。

3. 高校学生心理帮扶场景

高校学生的心理健康教育工作，既涉及学生的心理健康发展，又涉及学生的生命安全，是学生管理工作的重中之重。大数据赋能高校学生管理为大学生心理危机预警和帮扶提供了新的方式方法，以微博、微信等学生常用的新媒体平台为创新载体，为大数据应用提供数据支撑，创新心理危机预警和帮扶方式方法，通过设定心理危机敏感词汇词条，抓取学生在网络上的情绪表达，动态掌握大学生的思想行为和心理变化；通过建立学生心理关注档案，全面准确地了解学生心理状况，全面梳理掌握重点关注学生的个人基本信息、日常学习生活表现、与学生约谈帮扶记录、家校沟通交流等数据，及时对学生开展准确的心理帮扶。同时，通过学校大数据平台的建设，可以了解学生的学习考试成绩、宿舍进出动态、校园购买消费等各种数据，更加立体地了解学生的日常表现、兴趣爱好、性格特点等，从而对学生心理动态变化进行综合评定。

大数据可以实现大学生心理危机的准确预测和关联预警，实现心理危机应急处置从事后干预到事前预防、从粗糙式管理到个性化帮扶的转变。大数据的整合作用，可以帮助学生在处理心理危机时，整合各类支持资源，拓展社会支持方式，解决好学习生活和成长发展中烦心事和困难事，突破心理障碍，提升心理素质，提高群体心理健康整体水平。首先，借助大数据对以往大学生心理问题数据进行分析挖掘，归纳预测学生心理问题的高发期、学生心理危机中的高发问题、心理危机的高发群体，从而对心理工作的下一步开展提供行为指导，对重点学生、重点时期、敏感问题进行重点关注，并加强相关学习培训，不断提升心理工作技能和实效。其次，借助大数据可以建设大学生心理交流反馈平台，拓宽学生心理信息沟通渠道，建立有效互动机制。一是可以了解当前学生群体心理问题的发展趋势和重点领域，开展针对性心理工作。二是可以及时与学生进行互动交流，及时了解和帮助学生心理问题，对学生进行精准心理教育，引导学生树立解决心理问题的自我主体性，使大学生从被动干预帮扶转变为主动自我突破，发挥大学生个体在心理管理中的积极性和主动性，从而真正实现心理危机干预和帮扶的良好效果。

将大数据技术应用于高校学生心理帮扶工作，通过大数据技术对数据资源进行挖掘和利用，及时更新和完善重点学生相关数据，使心理健康教育的研究进一步量化和去经验化。随着学生管理大数据平台的建设，各职能部门的数据不断接入，借助大数据整合分析学生个体的学习生活规律，通过数据分析学生当前处在心理正常状态或心理异常状态，及时对可能出现心理问题的学生制定个性化心理疏导干预方案，帮助学生进行自我调适。通过大数据技术可以快速地建立大学生异常心理状况，这既有利于掌握个体心理状况变化，也有利于把握全体学生的心理状况。通过对学生管理大数据平台接入的数据进行统计分析，对学生异常行为数据进行甄别，形成对学生心理状况的初步推断，从而及时开展心理帮扶；同时，根据学生心理个人档案，对学生未来行为表现展开预测，推断某些心理危机事件发生的概率，对学生及时开展心理危机干预，帮助学生制定自我调整方案或主动地接受心理调适，使其向着正常方向发展。

4. 高校学生思想教育场景

高校网络思想政治教育是我国高校学生管理的首要任务，大数据时代下高校学生管理首先解决的是意识形态安全问题。伴随着全球化浪潮和互联网的迅猛发展，网络空间充斥着大量多元的社会思潮，青年群体在网络上受到多元价值观的强势冲击，大数据已对网络意识形态安全造成了严重的威胁，对学生思想引领、学生管理服务方式及师生思想观念造成了很大的影响。从当前的网络环境来看，网络信息无处不在、无所不在。对于三观正在形成、思维活跃的大学生来说，对网络信息缺乏辨别力和判断力，容易受网络空间中的所见所闻影响，从而疏远排斥主流意识形态。因此大数据时代，亟须高校在政治价值维度上，直面学生网络意识形态的教育管理安全需求，坚持马克思主义意识形态，构建先进政治文化的网络传播主流阵地，加强对大学生意识形态宣传教育，增强学生意识形态反渗透意识。高校网络思想政治教育可以借助大数据技术，构建富有思想性、教育性的意识形态工作平台，加强社会主流意识形态宣传；通过生动活泼的语言和文字，阐述社会主义核心价值观和中华优秀传统文化，教育和引导大学生不断坚定自身政治立场，自觉地成长为德才兼备、全面发展的中国特色社会主义事业的建设者和接班人。

现阶段高校学生管理思想政治教育的理论研究与工作实践重点是借助大数据赋能，创新高校思想政治教育工作。随着高校信息化基础建设的完善，高校学生管理大数据涵盖了高校学生的日常学习生活行为数据。借助大数据技术，可以动态收集各类学生数据，帮助高校学生管理者及时掌握学生学习生活状况，把握学生的思想发展状况，从而根据学生发展需求进一步开展思想政治教育工作。同时，大数据赋能高校学生管理，提升了学生管理工作效率，在很大程度上为学生思想政治教育奠定了良好的工作基础，有利于提升学生思想政治教育水平。大数据不仅为学生思想政治教育提供了数据整合分析功能，还为高校学生思想政治教育提供了交互平台。开展学生思想政治教育可以通过宣传模范人物事迹、公益活动宣传推送、党史学习教育、传统文化宣传等方式，引导学生进一步提升自身思想政治水平，引导学生在实践中不断强化对中国特色社会主义的认同。通过大数据平台上学生对思想政治教育活动的点击和浏览数据，掌握学生对相关活动的关注度和性兴趣点。在与学生信息交互的实践过程中，借助大数据技术不断提升高校学生思想政治教育的能力和水平。

5. 高校学生学习资源场景

学生的首要任务是学习，当然高校学生管理的首要功能就是帮助学生学习专业知识和提高自主学习能力。大数据赋能高校学习资源场景应用主要聚焦在图书馆和教室两个场域。

一是大数据赋能高校学生学习资源的图书馆场域，以大数据为驱动，拓展图书馆的功能和服务范围，改进和创新图书馆的资源管理方式，提升图书馆服务的质量水平，增强师生满意度。通过构建高校图书馆大数据平台，借助数据挖掘、聚类分析、用户画像等技术，全面分析用户的喜好需求、用户行为数据、图书馆文献资料和服务过程数据等，挖掘数据内在蕴含价值，发现师生对图书馆功能的实际需求，为师生提供丰富多元、精准个性的服务，促进高等教育的发展和大学生整体素质的提升。基于大数据，高校图书馆可以针对学生检索偏好和研究方向，在信息检索和资源推荐方面开展个性化服务，有效节省学生检索文献资源所需时间，提供高效文献资源推送服务。学生还可以通过手机客户端、小程序等方式，进行图书馆座位预约、书籍借阅、电子资源获取等服务，提高图书的流转效率和空间利用效率。大数据赋能图书馆场域，可以逐步实现个性化、精准化的多功能图书馆服务，满足师生线上资源查询和线下多功能场所使用的实际需求。

二是大数据赋能高校学生学习资源的教室场域，主要涉及智慧教室的课堂内外和线上云课堂的发展。第一，更新了教室智能终端设备和系统。可以灵活组织课堂教学形式，促进教师与学生之间的互动交流，加强课堂多维互动。教室智能设备不仅局限在课堂之上，学校可以借助云课堂平台、线上查课管理系统与智慧教室的录播系统交互系统和电子班牌等基础信息化平台相关联，实现各类课堂教学资源、学生学习资源、系统使用数据等在各系统间的无缝衔接、流转顺畅。例如，智慧教师系统可以为学生提供空闲教室预约服务，极大地提高了教室空间的利用率，各种教学和学习需求也得以一站式解决。同时，随着网络的发展，课堂也不仅局限在实体空间，基于互联网思维的移动授课和师生互动的课堂形态迅速发展，为学生提供了适宜的移动教学环境。第二，扩展了线上云课堂空间。学生以课程单位组建班集体，进行课程学习和学习讨论，通过即时交流、文件投递或者弹幕发帖的方式，课程成员参与互动交流，及时获得教师反馈，实现学习资源的合理配置和学生之间的思维碰撞。通过智慧教室的各类设备，教师和学生可以进行线上线下多环境的沟通交流，自动采集教育教学全阶段的学生行为数据，生成智慧教室教学运行的大数据，形成学生个体学习大数据，为学生课堂管理、课程学习监督等提供支持。例如，借助大数据技术可以实时动态了解学生学习状态，及时进行课堂学习反馈，调整学生学习内容和学习节奏；借助大数据，梳理班级整体和学生个体的学习过程数据，帮助学生了解知识结构，查找不足，改进教师教学方案和学生学习方案；深入挖掘学生课堂学习全流程数据，形成学生个体大数据，进行课程资源定向推送和学习方案制定等，更好地整合各类学习资源，为学生提供便捷的推送服务。

第二节　大数据赋能高校学生管理的现实问题与归因

一、大数据赋能高校学生管理的现实问题

随着大数据在高校学生管理中的应用越来越广泛，各高校借助大数据技术搭建学生管理一体化大数据平台，极大地创新了高校学生管理的方式方法，

提高了管理的协同性和高效性等。但相对于大数据赋能高校学生管理应有的价值功能和应用场景，在实际应用中，大数据赋能高校学生管理逐渐显露出问题，可以借助结构化访谈更好地了解大数据赋能高校学生管理的发展现状，发现当前大数据与高校学生管理二者深度融合存在的问题和阻碍。访谈记录见表 5－1 所列。

表 5－1　访谈记录

编码	性别	高校	类型	编码	性别	高校	类型
2023TS01	女	重庆 YD 大学	辅导员	2023TS11	女	中央 MZ 大学	学生
2023TS02	男	大连 HS 大学	辅导员	2023TS12	男	中国 HY 大学	学生
2023TS03	女	江苏 SF 大学	辅导员	2023TS13	男	中国 HY 大学	学生
2023TS04	男	中国 KY 大学	辅导员	2023TS14	女	江苏 SF 大学	学生
2023TS05	男	中国 KY 大学	辅导员	2023TS15	女	江苏 SF 大学	学生
2023TS06	女	中国 KY 大学	辅导员	2023TS16	女	中国 KY 大学	学生
2023TS07	男	中国 KY 大学	辅导员	2023TS17	男	中国 KY 大学	学生
2023TS08	女	东北 SF 大学	辅导员	2023TS18	男	中国 KY 大学	学生
2023TS09	男	NJ 大学	学生	2023TS19	男	中国 KY 大学	学生
2023TS10	女	NJ 大学	学生	2023TS20	女	中国 KY 大学	学生

为了更好地了解大数据赋能高校学生管理的发展现状，采用结构化访谈的研究方法，针对大数据赋能高校学生管理的主要参与主体人员（高校辅导员和高校学生）进行提问访谈。同时，根据不同参与主体，在大数据赋能高校学生管理中的实际情况，对访谈提纲具体内容进行了相关调整，加以区分。为了重点了解大数据赋能高校学生管理存在的问题，随机选取部分高校相关人员作为个案对象。在高校辅导员访谈中，重点了解大数据赋能高校学生管理的具体实践情况。在高校学生访谈中，主要询问大数据赋能高校学生管理的具体变化影响。大数据赋能高校学生管理的现实问题如图 5－2 所示。

（一）技术理念问题：大数据应用中的数据主义

高校学生管理不是工厂线性单向的流水线，而是复杂多向交互的管理过程。管理者具有数据意识，借助高校大数据平台建设，可以提高学生管理的效率和效能，增加工作的权威性和可靠性。但数据意识不等于数据主义，大数据也并不是万能的，大数据技术本身存在局限性。对大数据技术的盲目崇拜和过度依赖，往往容易走向数据主义，从而忽略数据的价值和本质，导致高校学生管理反而被大数据所支配控制，扩大大数据的负面影响。目前，高校学生管理各部门强调大数据的重要性，但未能领会大数据赋能内涵要义；部门之间各自建设不同的信息数据系统，以期获得大数据赋能作用，并将其视为私有资源；数据资源分散各部门，数据标准化程度不一致，反而提高了数据在部门间流通门槛。数据主义观念导致的直接影响就是数据成了判断的唯一标准，各管理主体为了数据而数据，尽可能多地获取数据，用数据来增强客观性和公正性，以大数据为基础来判断决策，从而忽视了数据的本质和真正价值，异化了组织目标，甚至出现数据注水、数据造假等现象，造成数据资源失真和不合理利用，进而走向极端的数据独裁。

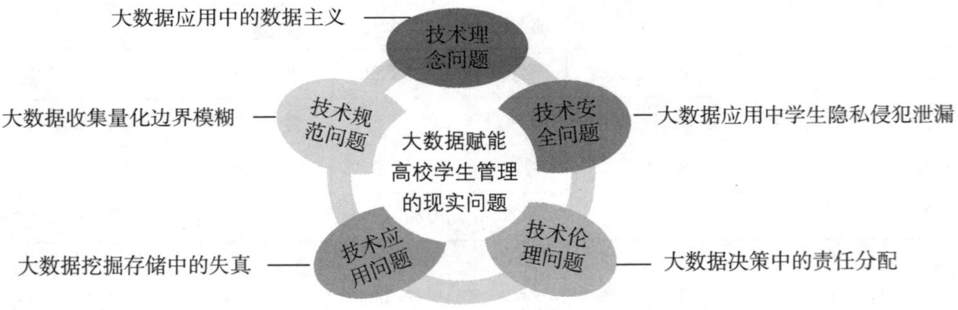

图 5-2　大数据赋能高校学生管理的现实问题

过分片面强调大数据的重要性，容易导致高校学生管理中数据滥用和误用，从而导致数据供给与实际需求失调，难以满足高校学生管理的现实需求。高校学生管理者了解关心学生的时间被统计了解关心学生的数据占用，舍本逐末，降低了管理效率。在大数据与高校学生管理相结合的过程中，衍生了许多大数据平台和应用，但许多高校大数据平台仅能算是网页导航平台（将各部门原有的网页和数据应用搭建在统一平台），内在的基本数据并未联通（各部门之间的数据仍难以共享）。高校的各类应用缺乏统一规划，如教务、后勤、学生管理等应用许多功能并未建设完全，存在功能建设重叠、大数据平台更换速度快等问题。这种情况容易造成各平台信息数据收集工作重复，给学校师生使用大数据平台和应用造成不便，原有平台的数据也难以完全转移，导致许多应用使用率较低、流于形式，反而增加了学生使用和管理工作者的负担。对数据的过多需求，让管理工作者陷入不间断的数据统计、数据报表的统计怪圈，学生个体也被简单数据化和物化。

大数据技术本身存在局限性和技术难度，极易导致数据主义与数据独裁，这是大数据技术异化的独特原因。数据远远没有我们所想的那么可靠，不能只通过数据来说话。在大数据赋能高校学生管理过程中，如果完全依赖数据结果进行学生管理判断决策，就有可能与大数据赋能背道而驰，走向数据主义。尽管大数据相比于经验论更加科学和客观，但是学生个体具有较强的主观能动性，大数据很难对学生反馈数据的真实性进行辨别区分。此外，大数据分析结果需要结合具体语境，但大数据分析结果的使用和传播并没有那么客观，特别是数据的碎片化不定向传播，极易造成数据资源和个人隐私泄露。

对于大数据的理解和掌握，各管理个体存在差异性，特别是当高校学生管理数据面临内部和外部对抗时，高校大数据技术的专业度很难与外部专业团队相抗衡。大数据赋能高校学生管理坚持极端的数据主义就会陷入数据陷阱，导致数据独裁。数据主义与数据独裁的存在违背了高校学生管理立德树人的根本任务。过度沉浸于对华丽数据的追求，就会忽视学生管理的根本要求。将大数据技术运用到高校学生管理中不恰当的地方，得出的错误结论就可能滑向虚假大数据的深渊，使高校学生管理出现偏颇。大数据技术就不可能在高校学生管理中充分施展正面功能，反而容易出现大数据的反向赋能。

（二）技术规范问题：大数据收集量化边界模糊

大数据赋能高校学生管理是基于大数据对海量数据收集分析挖掘，获取价值信息的功能。尽管从技术理论上来说，大数据不可能完全获取到真实数据，只可能无限趋近真实数值，但从大数据分析逻辑上来说，大数据获取的数量越多、内容越详细、覆盖面越广、针对性越强，越能提高大数据分析结果的真实性，越有利于在高校学生管理中对学生开展精准教育管理，提高高校学生管理决策和管理行为实效。但是在大数据技术全面覆盖的环境中，无论学生是自愿的还是被动的，个人信息往往会被自动采集，任何行为都会被记录下来。更为关键的是，任一部门都可以收集学生的信息数据，而且他们并没有相关数据管理知识和技术伦理知识，在收集学生学习生活行为数据时，缺少数据量化标准和量化边界意识，缺少大数据的权责主体界限，不清晰哪些数据可以进行收集量化，哪些数据收集会侵犯学生个人隐私。大数据收集量化边界认知模糊、大数据技术应用混乱，极易造成大数据技术异化。

高校学生管理者对大数据收集量化边界认知模糊，加之盲目的大数据技术崇拜和片面的大数据应用理解，极易使大数据收集和量化结果被误用或滥用，使解决问题的决策方案较为狭义，造成现实应用中大数据异化，产生数据伦理问题。在高校学生管理中，为提高学生管理工作的针对性和精准性，高校学生管理利用大数据技术对学生数字档案进行全面刻画，建立学生个人画像，但在抓取学生学习生活行为数据的过程中，往往会关联收集学生的个人隐私数据和生物特征信息。例如，有的学校建设的智慧课堂管理系统，通过算法智能捕捉学生课堂行为数据，包括学生表情和行为动作，从而分析计算学生在课堂的投入程度，以改进课堂教学方式方法，提高学生对课程学习的兴趣爱好。尽管对学生课堂学习管理进行了创新，但实则是对大数据技术的滥用。这样既侵犯了学生在课堂上的个人隐私权，也会对学生的人格发展产生负面作用，从而导致学生行为表现具有两面性。又如，多数高校普遍建立的人脸识别智能门禁系统，在使用过程中学生通过刷脸进出校门、宿舍楼和图书馆，个人的面部特征被完全收集，但并没有询问学生是否同意，而且学生对于个人隐私数据的维护也不敏感。在校园大数据环境下，高校学生管理的各主体，因对大数据收集量化边界认知模糊，学生隐私泄露的问题也普遍存在。

高校学生管理是一项复杂的教育管理活动。大数据会采用科学中立的数据和数据挖掘技术，将这复杂的教育管理问题简化为数据统计学问题，用数据代替人去分析和判断。尽管在大数据分析过程中采取了科学方法，但是忽略了学生个体的主观能动性。

学生会对数据的收集目的进行反向推测，加之，高校学生管理对大数据收集量化模糊不清，会引起学生对大数据收集的心理排斥。学生在数据填写过程中，偏向于塑造良好的个人数字档案，会有选择地填写真实信息，隐匿个人行为表现，以免大数据分析结果对个人造成影响。例如，在对学生进行心理测评调查时，学生会有偏向性地回答问题，反向规避心理调查，避免或者有意给自己贴上心理关注对象标签，来逃避或获得对个体的心理关注和帮扶措施等。又如，学生为避免门禁系统获取自己外出或者晚归数据，会选择其他校园进出方式，或者购买虚拟签到打卡工具，来隐藏自身行为。总之，要想实现大数据与高校学生管理的深度融合，充分激发大数据赋能效果，首先要解决数据收集量化模糊不清的问题，精准区分可采集数据。

（三）技术应用问题：大数据挖掘存储中的失真

大数据赋能高校学生管理是以高校学生管理大数据为基础的。如果基础数据失真，那么大数据对高校学生管理将走入数据陷阱，进行反向赋能，从而适得其反。虽然大数据对数据的抓取是全面而广泛的，但并不意味着所有的数据都是真实的、有价值的。在运用大数据技术收集数据的过程中，受数据标准不同、算法完善程度、个人主观偏颇等各种因素影响，数据质量也参差不齐，经常出现数据失真现象。首先，数据标准规范不同、对数据的命名和分类不同，容易使数据的获取和解读产生歧义、给数据共享带来阻碍。这不仅造成了数据理解与沟通成本的增高，也不利于对数据进行有效分析。在大数据的收集挖掘过程中，就存在因数据标准不同而造成的抓取数据存在数据缺少、数据重复等问题，从而造成数据失真。其次，大数据赋能高校学生管理离不开大数据算法的完善，即使科学正确的算法，对数据解读的科学性和准确性也是有限的。如果大数据算法存在偏差，那么数据的质量就更加难以保证。加之，大数据本身就会受到大数据算法的影响。大数据根据算法对个体进行信息资源推送和行为数据抓取，循环往复，不断地固化了个体网络数据形象，在扩大了个体认知偏差的同时，也降低了数据的价值，从而在大数据算法运行中造成了数据失真。

高校学生管理大数据归根到底是对人的大数据，个体的主观性在大数据挖掘分析等过程中，不容忽视。一是作为被收集数据的主要对象，在涉及自己不愿透露的数据时，被收集者也在进行数据反推演，针对数据收集的目的和用途，有意识地规避题目，隐匿自己的真实想法和行为，因此高校在对学生进行画像时，学生整体存在问题的较少，但这并不意味着真的不存在问题。学生提供的源头数据不准确，也导致大数据的一系列关联预测结果是无效的或是有误的。二是作为收集数据的组织管理者，在高校学生管理的大数据挖掘存储中，对大数据的运用不熟练，缺乏实际学生管理工作经验，缺乏统一科学的数据量化指标的指导，易受个人主观判断的影响，根据数据结果需求收集数据，只统计需要统计的数据，导致统计结果脱离实际，失去数据统计的意义，使大数据预测功能产生错误的结论，把高校学生管理工作带入错误的道路，最终导致管理混乱和低效。在数据结果的解读和传播中，传播者和接收者存在信息偏差，在接收者并不了解具体的数据挖掘和分析过程的情况下，数据结果的解读也容易产生偏颇或者歧义。

数据质量决定数据价值。大数据时代数据量激增，但大多数数据信息是无用的、冗余的垃圾数据，有价值的数据只占少部分。大数据这一显著特征，也在很大程度地决定了学生管理工作对数据清洗和管理的重要性。虽然糟糕的数据质量可能不会阻碍分析工具获得业务洞察，但一定会增加数据清洗的处理成本，使学生管理效率降低，减缓大数据对数据动态分析的速度。同时，高校学生管理各主体中熟练掌握大数据技术的人才较少，难以根据工作实际需求很好地制定数据优劣质量标准，将好的、干净的数据分离出来，对数据进行清洗处理，因此难以保证数据的质量。对高校学生管理的大数据的维护整合也是一个复杂的系统工程，在高校学生管理的数据管理现状中，因数据监控能力达不到标准、不够严谨，在学生纸质档案和电子档案转换的过程中，极易产生数据的丢失和失真等现象，从而加大学生管理工作的难度。

（四）技术伦理问题：大数据决策中的责任分配

大数据赋能高校学生管理时借助大数据技术对问题进行精准识别和个性化方案，能使高校学生管理决策在以往经验论的基础上，用数据增强决策的科学性和公正性。大数据赋能并不是简单地引用工具，而是需要将大数据技术对数据的收集、存储、应用等处理流程与学生管理工作流程相融合，明确大数据赋能高校学生管理的责任分配，加强大数据赋能相关责任制度建设，增强大数据应用责任意识，创新高校学生管理工作逻辑。但是，学生管理工作内容是复杂的，大数据平台的建设更多的是规划使用功能，在权责分配等制度设计上并不多，缺乏对大数据赋能高校学生管理的顶层设计。这就导致高校学生管理在借助大数据决策时，不能明晰地按数据处理各流程进行追责。大数据的处理应用往往涉及多个管理主体，由多部门合作进行，而责任分配却是模糊不清的。此外，责任分配模糊还体现在由人来决策还是由数据来决策。一旦我们过度尊崇数据，数据就会变成法则或指令，让所有人由听从人决策转为听从数据决策。这样的一种转变，很可能会造成决策主体的缺失，从而造成深层次的伦理问题。

大数据赋能高校学生管理中，管理者借助大数据的数据分析、挖掘等功能，通过挖掘分析人脸识别、场所签到等技术抓取到的数据，进行高校学生管理决策、制定管理措施，以及限制或开放管理对象在大数据平台功能权限等都需要依靠数据支撑。由于大数据使用中存在数据失真、量化失效等一些问题，基于数理逻辑的大数据不能进行自我修正，因此即便大数据功能执行得再精准，大数据预测性和相关性分析结果也走向了偏颇，管理者在此基础上所采取的措施或制定的政策自然也会出现偏差。基于此，大数据赋能高校学生管理中的偏差难以进行责任追责分配，或者说只能无可奈何地认可这个偏差。大数据赋能高校学生管理过程中，高校学生管理大数据是分散的碎片化的数据，在对其进行归集分析过程中，难以保证数据安全，碎片化数据的传播快速且无向，信息数据被快速复制传递，容易造成数据信息流失泄漏，对个人或者组织安全产生严重影响。以往的高校学生管理一般基于管理主体划分权责，但因大数据技术或大数据本身特性导致的决策失误、数据快速流动复制造成的数据泄漏由谁负责？是数据收集者，还是数据使用者？数据收集、分类、存储、挖掘这一系列流程都涉及多个管理主体，难以有效区分权责主体和权责范围，因此大数据赋能高校学生管理成效难以显现。

高校学生管理的大数据赋能平台建设后，存在平台运营维护的需求，自然而然地将数据管理的重任交给了组织平台建设的部门，而当学生管理大数据平台产生数据运行和数据质量问题时，领导者也往往将其归结为该部门主体的责任。然而，组织大数据赋能平台建设的部门，往往可能不具备熟练运用大数据技术的能力，更多的是采取项目外包的方式，将其作为一项行政工作来完成。面对大量高校学生管理数据的处理，很难做到全知全能全会。但高校学生管理的大部分数据质量问题的根源，并不在于数据平台维护部门，许多暴露在外的技术问题往往才是数据质量问题的显性表征。例如，虚假数据、数据缺失、代码不一致等问题的本质是由高校学生管理数据权责归属不清所造成的。辅导员等院系学生管理人员和教务等各部门管理人员是大数据平台的使用者和维护者，负责数据维护的部门是大数据平台的主理人。但在日常工作中，二者都不对大数据平台的管理工作和质量状况负责，一旦大数据分析结果出现问题，就容易陷入拉扯推诿之中，很难区别究竟是数据使用出现错误，还是数据收集或者清洗出现错误。而这无形中增加了管理过程错误识别和纠错成本，难以实现学生管理数据效能最大化、数据治理成果也难以得到充分沉淀和应用。

（五）技术安全问题：大数据应用中学生隐私侵犯泄漏

我们需要认识到，高校教育大数据在采集、存储、传输和共享使用等过程中存在着泄露隐私的风险。大数据往往在高校学生管理应用中，因管理者采集和挖掘教育对象的关联信息而在对方不知情的情况下暴露了学生的个人隐私，从而引发数据伦理问题，造成学生隐私被侵犯泄漏。在大数据赋能高校学生管理过程中，学生管理的诸多要素和关系被物化，在运用大数据技术解决高校学生管理难题的同时，也使得高校学生管理不同管理主体、不同部门事务之间的协同联系和互相支撑加强。在高校学生管理的过程中，大数据赋能使管理工作便捷高效，各管理主体很容易因此而对数据信息产生依赖；数据自身可靠性不高且价值有限，只能对数据进行“是什么”的描述；对数据的分析和解读依赖管理者，数据的生成和技术的应用是客观的，但数据的分析解释及不同治理主体对技术的使用过程难免具有主观性，不能完全揭示学生管理工作的价值和意义；对数据的分析解读一旦出现问题就又会引发新的管理问题，增加学生管理过程中教育本质背离和道德责任遮蔽的风险。借助大数据的分析预测在一定程度上也将人的道德素养和发展潜能物化了，增加了数据伦理的风险。

大数据赋能促使高校学生管理数字化。借助大数据技术对学生在校园各个场景中产生的各项数据进行抓取分析。诚然，数据越准确越细致，越能掌握学生思想行为动态，但抓取的数据量越大、覆盖面越广、频率越快，就越容易对学生隐私产生侵犯，泄漏学生个人信息。大数据赋能促使高校学生管理数字化在本质上是用过去的数据来预测学生当前及未来的发展状态。其利用学生数字画像、数字档案等方式对学生进行评价，使得学生个体逐渐被物化，从而忽视了学生的多元发展性，对学生造成隐蔽的数据歧视。大数据赋能高校学生管理中是以学生为管理对象，这意味着大数据主要包含的是以学生为主体的各方面数据。在高校学生管理大数据建设过程中，抓取学生在校学习生活全过程数据、收集数据、监控动态，是在学生毫不知情或者被动接受但却没有拒绝的权利的情况下进行的，这本质上也是一种隐私侵犯。学生作为主要的数据生产者，但却不能支配自己产生的数据，而仅仅是以数据形式参与高校学生管理，在管理过程中缺失话语权，那就谈不上多主体协同参与。

高校学生管理对大数据应用的力度越大，信息数据的透明度就越高，学生个体信息泄露的风险就越大。一旦学生信息数据被泄露，就有可能给高校中每个学生带来不可预料的风险，甚至还会造成校园公共信息安全问题。当发生学生校园危机事件时，学生的信息泄露风险更大，特别是个人身份数据、学生心理数据等信息数据加大了校园危机事件的复杂程度，增加了学生管理的难度和成本，更严重的是可能造成学生心理问题、财产损失，甚至是影响学生的生命安全。当前高校关于学生个人数据安全相关制度的规定还有待健全，或是缺乏专门部门机构进行保障。在大数据环境下，数据信息流动复制速度极快，并不是每个人都具有数据安全责任意识，大数据对数据处理的流程往往经手多个部门，每个部门都可能发生学生数据泄漏。收集来的数据，不仅被用在已说明的目的和用途下，还会被用于其他地方，而这些情况被收集数据的学生个体并不知晓，甚至对数据安全并不敏感，往往是隐私数据泄漏之后才进行追责，但受责任分配不清的影响，难以进行追责，因此很难保障学生的数据安全和个人隐私权。

二、大数据赋能高校学生管理的问题究因

在对大数据赋能高校学生管理的价值功能和现实问题进行对比梳理后发现，大数据赋能高校学生管理亟须解决的问题是在实际应用中存在“失能”“反向赋能”等现象；相对于大数据赋能高校学生管理应有的价值功能，大数据赋能高校学生事务管理还存在一些制约因素；在技术赋能下各主体间的协作模式还未完全转变，还需要不断调整、不断配合。同时，技术的局限也是一个重大因素。技术本身还需完善，大数据基本操作和理念的培训宣传还有待在管理人员之间加强。下面进一步剖析问题存在的制约因素，以制定相应的对策。大数据赋能高校学生管理的问题究因如图 5－3 所示。

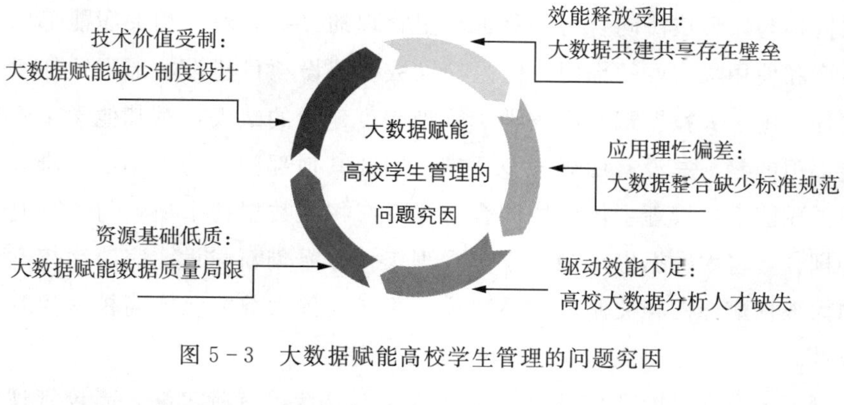

图 5－3　大数据赋能高校学生管理的问题究因

（一）技术价值受制：大数据赋能缺少制度设计

当前高校学生管理大数据决策在权责划定与顶层设计方面存在缺失。例

如，学生职能部门受到传统工作模式惯性制约，往往难以投入专门的力量执行信息化建设任务，大数据总体应用水平不高；往往存在摸不清当前部门数据资源家底、缺少部门数据资源宏观分布图谱、数据资源联结共享较难、数据分散性特征明显等问题。大数据赋能高校学生管理的大数据治理效果在很大程度上依赖于治理主体间的责权划分与行动规划。一方面，不少高校在大数据技术采集、传输、共享、公开等应用流程方面的权限界定混乱，重推广应用、轻制度建设，数据质量与数据安全问题频发，仅仅依靠信息化办公室甚至是学工部门等进行大数据赋能的实践模式存在较多局限性。另一方面，高校大数据应用缺乏总体全局规划，大数据赋能中存在管理分割问题。高校学生管理中不同职能部门之间各有数据系统、大数据建设和应用分散在不同部门等，导致大数据标准不统一、数据流转不顺畅、数据权责不明确、数据共享不充分、数据质量不高等一系列问题，影响大数据赋能结果的真实性和客观性，限制大数据潜能的发挥，阻碍大数据赋能高校学生管理成效的有效提升。

大数据技术要想在高校学生管理中发挥赋能实效，需要制度和规范约束。大数据赋能高校学生管理的不断深入，对大数据赋能的制度保障提出了更高要求。但当前大数据赋能高校学生管理受制于高校传统层级制度体系与大数据技术逻辑不契合，大数据赋能制度建设存在缺口，大数据赋能的制度规范不完善。一是难以约束大数据赋能中的行为失范，对各管理主体缺乏行为规范指导，对其不合理行为也难以从制度上进行追责。二是难以规范引导各部门共同参与，形成协同合力。负责学生管理的二级学院和相关职能部门是数据生产和使用最主要的部门，但主导大数据建设项目建设的部门往往承担更多责任。由于大数据赋能高校学生管理制度建设的缺失，对其他学生管理的职能部门的参与并没有明确规范要求，因此其他部门参与度不高，难以形成大数据赋能下各管理主体的协同合力。只有将大数据技术逻辑与管理制度体系相耦合，将大数据思维融入学生管理工作体系创新建设，完善高校学生管理中大数据赋能的相关制度体系建设，才能发挥大数据赋能高校学生管理的实效性。

当前大数据赋能高校学生管理整体规划设计还有所欠缺，高校管理中尚未建立起全校一体化大数据平台，数据信息整合仍存在部门之间的共享壁垒，大数据赋能未能与学校整体发展战略相结合，限制了大数据功能的发挥，大数据赋能高校学生管理难以充分融合。一是高校学生管理各职能部门存在数据壁垒，各部门在长时间的行政工作中形成了各自的数据信息库，因数据清洗成本较高、数据流转较为困难、缺乏数据基础平台建设，大数据难以发挥赋能作用。例如，高校学生管理中招生考试、学位学科、就业资助、课程建设等管理活动所产生的数据数量庞杂、缺乏统一的数据规范标准，使大数据在数据获取存储、共享流转和分析应用过程中付出的成本较高，影响其赋能的及时性和准确性。当前多数高校在大数据赋能高校学生管理实践中，还处于初级阶段，亟须突破传统高校学社管理的路径依赖，加强大数据时代下高校学生管理整体规划，将大数据思维与管理制度体系相融合。

（二）资源基础低质：大数据赋能数据质量局限

大数据基础设施建设、大数据技术应用水平、数据收集完整程度等是大数据赋能高校学生管理的基础。大数据基础设施建设水平较低、大数据技术应用能力较差和数据收集链不完整是造成大数据失真、大数据收集边界线模糊等问题的重要因素。

在大数据基础设施建设方面，随着高校学生管理对大数据的重视，不同职能部门都各自开发或购买了针对自身业务领域的内部业务管理大数据平台，但缺少高校一体化大数据整合平台，因此难以充分激发大数据赋能作用，存在大数据赋能基础设施建设水平较低的问题。由于各部门数据平台是基于不同技术和应用模式建设的，有各自不同的数据归集标准规范，因此数据整合困难，数据交互利用性较差，增加了大数据对现有系统的数据信息的归集利用和数据共享的难度。同时，在各部门数据系统的数据录入和数据交换过程中，对数据质量控制和数据管理欠缺，存在数据维护不够及时准确、数据录入不够完整、数据分类随意等问题，导致数据的质量较差，这进一步增加了高校大数据整合的难度，使大数据赋能缺乏一体化的高校大数据基础。

在大数据技术应用方面，大数据技术联合云计算、传感器等技术为获得大数据赋能的原始学生管理大数据提供了极大的便利，但当前高校大数据技术总体应用水平还有所欠缺，高校学生管理大数据的收集分析能力还需加强，这从基础上限制了大数据赋能实效。高校学生管理大数据的挖掘主要分布于校园公共空间和线上网络虚拟空间，因此需要高效的大数据算法设计和一定的数据挖掘能力。当大数据技术算法设计存在问题或是偏差时，数据分析结果可能与实践经验相违背。当大数据应用水平较低或应用能力欠缺时，很难对实时动态变化的学生管理大数据进行及时高效地抓取收集，而且这些在学生管理活动中产生的大量数据，也会因为没有及时进行信息化处理而流失数据价值。此外，并不是学生管理所需的一切数据，都可以通过技术手段进行收集，收集的大量数据也并不是都有意义，还有一些数据处于“治理盲区”，这些本身就限制了大数据赋能效用的发挥，因此需要提高大数据技术的应用水平。

从大数据收集的完整程度上来看，大数据赋能高校学生管理工作面临困境的主要原因是数据收集缺乏完整性、信息数据整合不完全、在日常信息收集过程中缺乏数据链条意识等。例如，在学生学习情况信息收集的过程中，对学习结果性数据的收集较多，但对学生学习过程性数据收集较少，因此大数据分析结果往往存在表面性和局限性。同时，数据收集工具的局限性也导致了数据的不完整。一方面，数据工具本身的局限、部分资源信息系统功能建设不完全等导致部分数据难以采集或流失，影响数据收集的完整性。另一方面，有一些数据涉及学生隐私而不能收集，这在一定程度上也影响了数据信息资源收集的完整性，从而影响大数据赋能实效发挥。

（三）效能释放受阻：大数据共建共享存在壁垒

大数据赋能要想发挥作用，首先就要有畅通的数据来源。但当前大数据赋能高校学生管理的实践中，大数据共建共享还存在各管理主体协同意识不足和数据孤岛的壁垒。首先，各管理主体缺乏大数据共建共享的整体意识，对大数据赋能高校学生管理的协同参与度不足。高校传统数据管理的主体以信息建设部门为主，其他群体对数据管理参与不足，缺乏数据共建共享意识，这在一定程度上影响了当前大数据赋能学生管理工作理念意识。大数据的不断发展为高校学生管理各管理主体提供了参与协同治理的工具支持。大数据时代，海量数据不断产生与聚集，高校学生管理的不同领域和不同类型的数据被连通，实现了数据的高度融合，促使了各管理主体在了解学校信息的基础上参加学生管理决策，争取群体利益，实现学生管理多方合力协同发展。但当前大数据赋能高校学生管理过程中，学生管理主体的参与度不高、大数据协同共治能力比较薄弱，难以满足在大数据采集、流转与分析方面对学生管理主体多元参与的需求，从而导致大数据赋能的协作氛围难以形成。其次，大数据时代发展下，数据采集与数据交互环境更为复杂，大数据赋能高校学生管理相关功能的拓展利用需要多方共同参与监管，仅凭大数据平台的组织建设部门难以完成对数据的精准挖掘和利用，难以实现大数据赋能对高校学生管理创新发展的推动作用。

高校早期建设的数据信息系统很多都存在无法进行数据流转供给的数据接口问题。尽管有部分数据系统可以提供数据对接，但其功能相对简单，数据流转清洗和归类整理耗费成本较高。这就会导致部门之间虽然有数据库，但高校学生管理大数据库共建共享仍存在较大困难和壁垒，难以进行数据共享利用，难以满足当前对数据开放共享和快速流转的现实需求。高校学生管理大数据共建共享还存在数据的“上下贯通易，左右贯通难”的问题。受制于传统科层制影响，跨部门沟通交流往往需要更高一级的领导牵头部门与部门间的沟通协商，这在数据传递上体现为数据在部门上下级开放共享相对顺利，但在左右各部门间的数据开放共享困难重重。

（四）应用理性偏差：大数据整合缺少标准规范

大数据赋能高校学生管理是以学生管理大数据为基础的，而对大数据的归集整合则需要统一的数据标准规范，但当前高校学生管理大数据整合缺乏统一的数据标准规范，这就导致大数据赋能高校学生管理过程中，出现数据流通共享难、可用数据样本质量差、数据失真灌水等问题。大数据在高校学生管理中的应用，尚未形成完善统一的标准规范。有些部门为了追求完美的数据分析结果，尽管数据标准不统一，也将数据强行纳入样本，以得到需要的结果，这就导致大数据结果分析丧失了客观性和科学性。高校借助大数据发挥赋能影响的前提就是尽可能多地获取大量、多元、综合的数据。大数据赋能高校学生管理要立足整体数据，通过对海量数据进行收集、清洗、归集，对学生管理的全过程全方面的数据进行数字建模、数字分析等操作，将复杂多样的学生管理大数据转化为明晰客观、简单易懂的可视化数据信息，从而挖掘分析高校学生管理中各类问题和发展趋势。

在大数据进行数据收集挖掘过程中，往往会出现因数据标准规范不同而存在抓取数据缺少或重复等问题，造成数据失真，影响数据的分析结果。高校学生管理中存在的不同类型的数据信息，使数据的获取、流转、储存、分析和应用过程更加复杂，这就需要采取统一的制度标准使大数据赋能高校学生管理过程更加规范和标准。由于部门与部门间、学校与学院间、部门内部大数据应用的水平并不一致，缺少统一的数据标准规范，因此在学生管理工作中，常出现大数据和传统工作方法并行的情况，这使得大数据整合更加困难。同时，因数据标准规范不同，数据在系统录入过程中难以保证数据质量，从而导致数据出现格式错误、信息缺失、信息不准确等问题；在大数据流转过程中难以进行数据流通共享，从而增加数据清洗归集成本和流转共享成本。

（五）驱动效能不足：高校大数据分析人才缺失

人才是驱动大数据赋能的核心，是拓展高校大数据赋能维度的关键。在当前大数据赋能高校学生管理的实践中，虽然高校大数据平台建设正如火如荼地进行，但高校对于大数据分析人才重视还不够深刻。一是对大数据人才引进力度不足。一方面，高校对大数据分析人才引进的支持力度还不够大，相关配套服务还不够完善。相对于企业的高薪待遇，高校大数据分析工作的薪资较低，缺乏大数据职业晋升渠道，工作发展前景较差，对人才的吸引力不强。另一方面，对高校大数据人才培养的建设不足，缺乏大数据人才发展的空间。在高校具体的部门机构中，缺少大数据专门的职能部门建设和岗位职称设置，不利于高校大数据人才队伍的职业化发展和队伍建设。二是高校学生管理缺乏大数据应用的复合型专业人才，人才队伍专业化建设不足。也就是说，缺少掌握大数据技术综合知识与具备高校学生管理能力的复合型人才。一方面，目前高校学生管理的数据平台建设主要依靠项目外包，大数据工作者缺乏学生管理相关经验，需要管理者与其进行长时间沟通协调。当大数据应用出现问题时，需要远程联系技术人员进行调整，难以有效实现数据的快速精准利用。另一方面，学生管理者受制于传统部门层级分工，难以投入大量精力兼顾大数据应用管理，对大数据赋能认知不全面，缺乏大数据技术，难以将管理经验转化为学生管理数据收集的量化标准，面对海量数据无从下手。这就需要高校学生管理各主体掌握大数据思维和技能，培养具备成熟数据思维、熟练大数据技术、有良好的综合知识和业务沟通能力的复合型大数据人才，从而能更好地理解和运用学生管理产生的数据，将大数据分析结果及时转化为可操作的学生管理活动。

大数据赋能高校学生管理的挑战，不仅考验对数据的抓取挖掘能力，还考验对数据的分析解释能力，并以此为学生管理工作提供行为和决策制定依据。高校学生管理必须面对如何有效使用学生管理大数据的挑战，既要确保大数据的质量，也要能进行正确的大数据分析操作和恰当的数据结果解释，使大数据能转化成学校可以使用的价值信息。通过建构数据意义的过程，发挥数据价值。这就需要将大数据专业知识与学生管理工作经验相结合，利用数据信息为正确行动和决策提供支撑。如果缺乏大数据专业技能，就可能对数据进行错误的解释分析，并可能导致采取不恰当的学生管理行为。尽管高校学生管理部门能够接触到各种各样的数据，但缺乏有效使用数据的复合型大数据分析人才，就很难将这些数据信息提取为数据价值。

第三节　大数据赋能高校学生管理的路径优化

基于前面对问题的探讨和究因的基础上，本节意在构建大数据赋能高校学生管理的优化路径。要顺应大数据新时代高校教育发展需求，立足高校立德树人根本任务，充分发挥大数据在高校学生管理的价值功能，针对高校学生管理大数据应用的现实局限制定相应规避措施，不断提升大数据赋能高校学生管理实效，发挥高校学生管理的育人实效，促进高校双一流建设。大数据赋能高校学生管理的优化路径如图 5－4 所示。

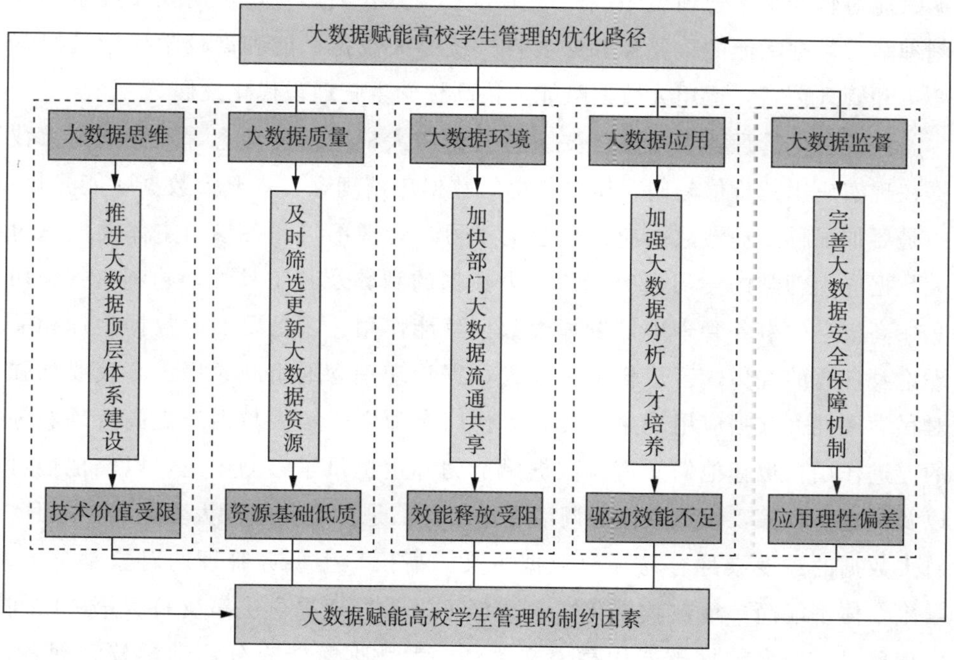

图 5－4　大数据赋能高校学生管理的优化路径

一、提升大数据思维，推进大数据顶层体系建设

更新高校学生管理的思维理念是推动高校学生管理机制体系创新变革的前提。高校学生管理平台建设虽然也利用了大数据技术，但是对大数据的理解过于简单且流于形式，只是简单地把大数据看成一个使用工具，这种相加而非融合的思想其实是滞后于时代的治理思维和治理模式。大数据赋能将开放透明、协作共享等大数据理念价值融入高校学生管理全过程中，有助于更新高校学生管理的思维范式，创新学生管理机制和管理。在物联网和互联网的加持下，高校学生管理面临前所未有的数据量，这对高校学生管理能力提出了新挑战。高校需要能及时对大数据进行抓取归集，挖掘分析数据中隐含的规律与信息，促进大数据快速高效地进行流通共享，从而最大程度地激活高校学生管理大数据价值。对于高校来说，要加强高校大数据赋能全局规划设计，不仅要将大数据赋能在高校学生管理中，更要将大数据思维与学校整体战略发展相结合，更好地激发大数据赋能，形成全校发展一盘棋。对于管理人员来说，高校学生管理各级各部门人员要结合自身工作内容，思考大数据赋能对转变学生管理组织战略变革和发展方式的影响，从高校发展全局深刻理解大数据赋能的重要性和必要性，统筹大数据赋能和高校学生管理组织变革和管理创新，运用大数据赋能加快高校学生管理现代化发展。

高校学生管理各参与主体要秉持立德树人根本任务理念，理性判断大数据在现实应用的价值趋向，树立科学的数据应用理念，规避大数据赋能异化。一是要加强科学理性数据应用理念的学习。管理部门和各参与主体要加强对大数据应用理念的学习研究，认清大数据的利弊及其工具性，趋利避害，切实在高校学生事务管理中，发挥大数据赋能作用。二是要加大数据治理相关理论及理念的宣传，营造科学理性大数据治理理念的组织氛围。高校要加强对科学理性大数据应用理念宣传，既让广大师生了解大数据对提高管理服务的促进作用，也让他们知道大数据赋能为师生提供了参与渠道，以便他们可以及时建言献策，发挥主体协调治理作用。三是要避免陷入大数据狂热崇拜。对大数据的过度崇拜容易导致数据主义。高校学生事务管理的对象是学生，学生个体不能简单地被数据化，大数据可以为管理提供决策支持、第一时间发现危机，但大数据不能代替人文关怀。大数据赋能充分调动学校管理者、教师与学生等人协同参与数据治理，并在治理责任、权力、担当、协作等方面有所约束与限制，以期能有效规避数据治理权责混乱所引发的伦理与安全

风险。在大数据加持下，高校可以通过挖掘分析高校学生管理大数据，不断优化自身管理服务和流程，提升管理水平。同时，高校还可以借助大数据技术，收集抓取学生对相关管理政策的执行反馈，更好地理解和满足学生对学校公共服务的需求。

大数据技术的快速发展，使得由高校学生信息数据构成的网络空间也成为高校学生管理的重要场域。学校要建立完善的高校数据开放和数据共享交换体系，并通过提供有效的制度体系供给发挥大数据赋能高校学生管理效能，以制度理性拓宽技术理性的适用维度。一是制定数据资源清单，实现数据的统一管理、认证和交换。二是制定数据交换标准，打通数据交换功能接口，将集中式交换与分布式交换相结合，实现数据信息资源共享服务。三是制定数据资源管理办法，明确数据收集、共享、更新的审批机制和流程等。四是明确数据更新标准和原则，及时更新数据资源信息，确保数据质量和时效性。五是明确数据使用权限和范围，对数据使用单位和使用人员进行分级授权，明确数据公开使用的合理权限。高校学生管理也是大数据赋能的重要领域，既要保证学生心理身体健康，为学生做好细致服务工作，又要保证学生作为公民主体应有的权利，维护学生利益。高校学生管理的大数据管理应用政策法规的完善，能够进一步保证各主体参与渠道和权责权限，明确数据收集界限和使用规范，保证收集对象的个人隐私安全和数据安全。

二、提高大数据质量，及时筛选更新大数据资源

数据是大数据赋能高校学生管理的基础，数据体量、数据领域、数据质量、数据时效性、数据客观性等都与大数据分析结果的科学性相关，大数据高效赋能离不开准确可靠的数据。因此，大数据的质量不能忽视，要及时加强对数据的筛查清洗，及时更新数据资源，增强大数据的可靠性和可用性。首先，要建设大数据赋能高校学生管理数据采集的多渠道，夯实数据根基。进一步扩展高校数据采集覆盖面和覆盖领域，创新数据采集方式，丰富数据内容，将各方面结构化和非结构化数据都囊括其中，为大数据赋能高校学生管理提供全面的数据信息。其次，要制定统一的数据质量评估标准。根据学生管理需求，完善数据收集、清洗、分类等系列数据质量标准，提高收集数据收集整理的规范性和可使用性，促进数据信息的流转使用。再次，建设高校数据安全管理组织架构，明确数据管理流程中生产、收集、使用等各主体管理职责、机制流程、管理措施等，保证数据合理利用，提升数据质量。最

后，以数据治理数据，利用智能终端、AI科技等技术，进行大数据的结构、质量、标准、安全等指标的风险识别与监测管理，完善高质量大数据的分析评估服务，规范科学地提高数据的准确性和可用性，提升大数据赋能高校学生事务管理效能。

推动大数据赋能高校学生管理与决策服务优化的特点，对纷繁庞杂的数据进行分析和探索，利用大数据技术收集、发掘和分析高校学生管理需求及其变化趋势。然而，受限于高校的财力、人力、技术资源等条件，高校在处理和提供数据信息资源方面比较薄弱，数据信息资源出现供需结构性失衡，数据流转的质量和匹配度有待提升。确立数据采集的标准，从源头上规范数据采集的范围、频率和方式，提升数据采集的质量，避免“脏数据”转移到后端增加后期运维使用成本。大数据赋能高校学生管理以高校基础信息库为数据存储载体，梳理学生基本信息、学习记录、思想动态、生活消费、空间位置等数据清单，统一进行数据封装和数据操作，收集、归集高校学生管理数据资源。按照大数据标准规范控制入库数据质量，按照实际情况及时进行梳理、更新和维护，保障平台中数据的准确性、真实性和及时性，力求为高校学生管理提供实时高效、安全可用的数据，持续提升大数据管理水平。

大数据赋能高校学生管理要建立数据治理标准，从多维度、多角度、多领域探索高校学生管理路径，使高校学生管理紧随大数据社会发展的步伐。大数据时代，高校学生管理应更加关注学生的实际需求，完善校级数据挖掘质量标准规范。在数据采集方面，高校学生管理各部门应利用现有信息系统开展大数据赋能，根据本校数据收集需求，以及不同数据平台数据收集和应用的特点、差异，制定学校大数据收集质量标准，强化学生管理大数据采集的规范性，促进大数据共享。在大数据流转方面，高校应立足于本校大数据流转规范与质量建设要求，构建校本化大数据流转质量监测标准，借助软件对大数据共享提供准确性校验，从而达到对数据进行修正和追踪的目的。高校必须确保“数据采集准确，数据录入准确，数据更新及时”，从而为大数据赋能高校学生管理提供高质量数据支撑，激发大数据赋能的治理实效。

三、优化大数据环境，加快部门大数据流通共享

当前高校学生管理领域积累了海量大数据，但大多数据都是孤立存在的，制约了大数据在高校学生管理中的功能发挥。要想充分发挥大数据赋能高校学生管理的作用，就要打破数据资源聚集的各种壁垒，突破数据孤岛，防止

数据鸿沟，按照覆盖采集全、联通共享全的要求，推动并落实数据标准一体化，建立数据共享体系，加快高校各部门之间的数据流通共享，使大数据在高校学生管理中完成高效流动和分析处理，及时回应高校治理主体诉求。

首先，高校必须突破各管理主体各自为政的狭隘思维，在思想上提高对大数据资源的重视程度，加强共享意识，树立数据思维，构建大数据资源共享的模式；使传统科层制管理思维向大数据时代的平等共享思维转变，增强大数据信息资源“共建共享”的大局意识和责任意识；提升高校学生管理信息化现代化治理水平，破除信息壁垒，使高校学生管理各主体在管理过程中具有平等对话的权力，为大数据赋能高校学生管理创造有利条件，以弥合学生管理不同主体间的数字鸿沟；推动数据和人才等资源向高校学生管理领域流动，促进高校学生管理信息资源互联互通和共建共享。

其次，高校学生管理要加强大数据库建设，统筹建设高校数据中心，推动高校学生管理各部门数据信息资源共建共享、互联互通；优化高校学生管理各主体数据中心布局，推动高校数据中心整体化和集约化发展；借鉴国内外其他领域、其他行业关于数据资源建设的成功经验，在此基础上打通数据分割，挖掘联通堵点，建立健全高校信息资源协同机制；通过大数据技术优化高校学生管理过程，破解条块分割，整合管理决策执行资源，增进学生管理执行合力；通过采集、协调、整合全校学生管理主要业务部门信息系统的数据，实现信息系统之间的数据共享和信息互联，彻底消除信息数据孤岛，使学生管理系统内部和系统之间信息沟通流程更加便捷，为大数据分析和统计打造可靠的数据基础，为高校学生管理创新发展提供组织保障，为高校学生管理提供科学决策服务。

最后，高校要加强高校学生管理大数据库建设，完善高校大数据共享平台，使大数据赋能得到充分释放；以大数据技术为基础，将学生管理相关数据资源通过大数据平台实现互联互通和协同工作，促进高校学生管理主体数据同步共享，减少数据误差和重复工作量，从而消解资源孤岛和信息孤岛，破除学校各部门之间的信息壁垒，加快各部门大数据流通共享，提高高校学生管理协同性和高效化。高校各部门依据自己有限的信息进行决策，导致各部门间各自为政，极易造成高校学生管理决策产生偏差甚至冲突，增加高校学生管理成本，降低行政效率。大数据的出现为解决这一问题提供了方法。依托大数据技术，可以促进高校学生信息资源共享，使部门之间跨越外部协同治理的障碍，提升学生管理工作效率；可以把高校各部门的信息资源整合到一起，形成高校学生管理的大数据信息库，降低高校学生管理成本，有效促进高校学生整体管理。同时，高校借助大数据技术可实现动态收集信息数据，这样不仅可以对高校学生动态进行实时查询和动态追踪，还能运用大数据进行关联性分析，提升数据资源转化为价值信息的效率，有效加强高校学生管理过程中的权力监督，及时发现问题、解决问题，使得高校学生管理体系运转更加流畅。

四、强化大数据应用，加强大数据分析人才培养

当前高校众多学生管理者大数据的综合素养还有待提升，对大数据的掌握还有不足，跨专业、复合型大数据管理人才匮乏，大数据赋能与高校学生管理的深度融合受到制约。高校要突破统一大数据技术与学生管理相结合的障碍，必须加强建设大数据人才队伍，基于高校学生管理现状积极探索大数据人才培养体系建设。当前高校学生事务管理的大数据赋能，缺乏高校学生管理人才和大数据技术人才相结合的复合型人才。目前高校学生管理大数据平台建设，主要依靠项目外包，大数据技术工作者缺乏学生管理相关经验，需要管理者与其进行长时间反复地沟通协调，当大数据应用出现问题时，需要时间远程联系技术人员进行调整，难以实现对数据的快速精准量化和挖掘分析。此外，学生管理者受制于传统部门层级分工，难以投入大量精力兼顾大数据应用管理，对大数据赋能认知不全面，缺乏大数据技术，难以将管理经验转化为学生管理数据收集的量化标准，面对海量数据无从下手。

按结果预期，将学生管理经验充足和大数据技术应用纯熟的双方结合起来，能够有效提升大数据赋能治理能力。这就要求既要加强对大数据专业人才的引进，也要强化管理工作者大数据素养的培训，二者相互促进、互助提升，才能充分激发大数据赋能学生管理的潜能。一是要加强高校学生管理人才队伍的大数据素养培训。整合学校物质、资金和技术资源，定期对各管理部门或主体开展培训工作，使其更深刻地理解把握大数据思维特点、大数据专业知识、大数据应用技能、大数据的伦理规范等，不断提升各管理部门或主体对大数据综合分析应用的能力。二是悉心培养跨领域跨专业复合型人才。针对当前大数据人才短缺问题，高校可以采用专业人才招聘或人才培训等方式，将大数据技术人员引进到高校学生管理中来，发挥其在大数据赋能中的支撑作用，培养其成为既精通大数据技术又熟悉学生管理工作的复合型人才。

三是组建分工明确、功能互补的大数据团队。高校围绕大数据赋能高校学生管理，以学生管理工作实践为基础，组建技术开发队伍、数据应用队伍、辅导员及相关部门等数据服务队伍。互相学习配合，充分发挥协同效能，推动大数据赋能高校学生管理发展。四是积极开展大数据学习交流合作，通过跨校走访交流学习、学校合作互动交流等方式，有效利用人才资源，提高学生管理者对学习大数据赋能的前沿应用，提升大数据应用技能和水平。

人才是贯通大数据技术与高校学生管理创新的桥梁，是适应和引领大数据时代高校学生管理现代化发展的关键。高校应积极加强同校外大数据企业的合作，与其他高校的学习交流，利用平台优势，让高校学生管理者学习借鉴先进的大数据处理技术，主动提升自身的大数据素养与技能，培养大数据综合型与复合型人才，使其更好地服务于本职工作，围绕大数据和高校学生管理打造一支专业技能扎实、管理经验丰富的复合型大数据人才队伍。此外，高校要积极引进大数据技术应用人才，为提升高校大数据管理能力和绩效，推动高校学生管理创新，提供强力人才保障。同时，借助高校人才培养主阵地的功能，积极开设大数据等相关专业学科，加强大数据人才培养，提升高校人才数据素养，培养专业化大数据管理人才，反哺高校大数据队伍建设，逐步建立大数据人才培育机制。

五、加强大数据监督，完善大数据安全保障机制

学校在推进大数据赋能高校学生管理的过程中，应注重数据保护和考虑学生的隐私。大数据技术对数据抓取面较广等特点使得它与个人隐私息息相关，数据收集可以揭示个人的私密细节，导致基于此所做出的决定可能也会影响隐私权，必须加强数据保护。开放的大数据思维要求高校学生管理者主动开放共享多维度的教育数据，进而促进大数据整合，充分实现数据价值挖掘，形成高校学生管理的合力。但高校学生管理者要主动认识到，在数据获取和应用的过程中，必须遵循大数据标准规范和政策法规；在数据共享中，要注重对学生敏感数据和隐私权的保护；在数据采集中，不能突破法律底线，触犯学生的权益。要规避这一问题，必须加强大数据伦理规范认识教育，并推动数据安全管理制度建立健全，加强完善大数据监督、保密和防控体系建设，确保高校学生管理运用大数据的过程和环节合法合规。

大数据赋能高校学生管理过程，要遵循大数据管理应用政策法规，划定大数据各流程主体权责，规范大数据各主体行为，从而有效规避大数据技术

的消极影响，提高数据安全指数，使网络社会良性运转。一是要严格遵循《中华人民共和国网络安全法》《中华人民共和国数据安全法》《网络数据安全管理条例》等法律法规，明确教育数据泄露所需承担的责任，保护学生的各种敏感数据。学校在数据抓取和使用过程中，要征得学生个体的知情同意，既不能侵犯学生的隐私、过度采集数据，也要防止将数据资源用作他用。在遵循法律法规的基础上，根据高校学生管理实际，从大数据的生产、归集、存储、使用等各流程，制定高校大数据信息管理制度，规范管理大数据采集和使用环节，明确学校、教师及学生在大数据应用中的权责范围，安全合法地使用大数据。二是加强和完善高校大数据监督、保密和防控体系建设。制定高校互联网和大数据安全校级保障战略，防范和打击高校内外各类利用大数据的违规行为。发挥多方合力，借助高校学生管理主体、政府部门及第三方大数据评估机构力量，依法管理和监督大数据赋能高校学生管理的步骤、过程和管理等各环节，加强对高校在数据采集、数据存储、数据分类及数据使用中的监管，使大数据赋能高校学生管理在大数据应用与维护个人隐私权方面把握好尺度。建立数据信息保密的严格制度，对学生数据信息的归集、使用、共享及传播等，要严格落实数据信息保密工作，强化数据权责体系建设，加快完善侵权补偿机制。同时，更要完善大数据安全应用的防护技术硬件建设，防止高校数据信息泄露，做好大数据应用的软硬件更新和维护工作，加强大数据信息应用的安全防御功能建设，特别是提高数据风险预警和病毒漏洞检测的功能建设，确保高校数据信息安全。

第六章

高校学生管理的法治化建设

第一节　高校学生管理法治化的基本情况

一、高校学生管理法治化的内涵和法律关系

（一）高校学生管理法治化的内涵

社会主义法治建设是法治化的国家、政府和社会的统一建设，是各领域的全面建设，包括教育和学生管理领域。高校学生管理法治化是高校学生管理必须达到的稳定状态和理想水平，体现了学生管理的良好秩序，是高校对学生实现公平、公正管理，维护并促进学生合法权益获得实现的概括性描述，是对高校学生管理状态和秩序的描述。一般认为，高校学生管理法治化是指高等学校在对学生实施教育管理行为时，管理主体法治意识强烈，能严格依照国家教育相关法律及高校内部校规校纪实施，管理行为程序正当合规，学生权益救济机制完备有效，学生管理行为受到广泛的监督，学生管理秩序能达到公平正义的法治要求。基于高校的独特法律地位，高校学生管理法治化中作为管理依据的“法”是广义的内涵，既包括国家法律法规，也包括校内规范制度，尤其是带有行政职权的规范制度。

党的二十大报告提出的“坚持全面依法治国，推进法治中国建设”“我们要坚持走中国特色社会主义法治道路，建设中国特色社会主义法治体系、建设社会主义法治国家，围绕保障和促进社会公平正义，坚持依法治国、依法执政、依法行政共同推进，坚持法治国家、法治政府、法治社会一体建设，全面推进科学立法、严格执法、公正司法、全民守法，全面推进国家各方面工作法治化”，确立了我国在新时代依法治国的具体目标和要求。高校学生管理法治化的具体内容应当包括学生管理的制度体系健全，内容一致，层次完整，既符合法治精神，又体现教育规律；学生管理必须依规定进行，要严格遵守法律法规及在法律法规指引下制定的具体规章和各级各类制度，任何管理行为不得违反规定；学生管理行为必须按制度规定的要求执行，执法的自由裁量必须在限度内进行；当学生管理行为违反规章制度，影响学生的各项合法权益时，管理行为的实施主体须追究问责；等等。

（二）高校学生管理法治化的法律关系

目前，对于高校与学生的法律关系的研究，国外主要有以下三种理论。（1）特别权力说。特别权力说是指在教育类法律的指导下，高校在一定范围内对学生的强制命令的权利。这就导致高校与学生之间的不平等性，限制了学生行使某些法律的权利。（2）契约说。契约说认为高校与学生之间是权利对等的契约关系，两者之间的关系是根据双方共同的意愿成立的。（3）重要性理论。重要性理论认为高等教务的哪些行政领域的事务需要有法律的依据，要看这些领域的基本权利是否已经实现。

关于高校与学生之间的法律关系，我国理论界也有四种观点，分别为行政法律关系、教育法律关系、民事法律关系和双重法律关系。我国颁布的关于教育和高等教育的法律法规《中华人民共和国教育法》《中华人民共和国高等教育法》《普通高等学校学生管理规定》等均对我国高校和学生各自拥有什么权利、需要承担什么义务有着明确的规定。

高校在作为教育主体，按照法律规定对学生行使教育、管理等权利时，高校作为管理者出现，学生则是被管理者，这时双方的关系是不平等的，这就体现了高校和学生之间的行政法律关系。但两者又有法律地位对等的时候，如高校为学生提供学业等服务时收取了学生一定的费用，那么两者之间就形成了一种合同关系，这种合同关系受到《中华人民共和国民法典》的保护；如果学生在学校里受到了人身、财产方面的权利侵害，学生可以根据民事诉讼规定起诉高校，保护自身合法权利。

综上所述，高校和学生之间不是单一纯粹的法律关系，不同情况要不同分析。如果高校是以教育实施者的身份出现，作为教育的法人，与学生之间的强制法律关系受行政法保护，那么两者之间是行政法律关系。如果高校在法律关系中以民事身份出现，与学生之间的法律关系受民法约束和保护，那么两者之间就是民事法律关系。

二、新时代法治思想对高校学生管理的新要求

（一）突出高校学生管理法治化的育人功能

建设中国特色社会主义法治体系，建设社会主义法治国家的总目标已经明确，依法治国的基本原则、基本方针已经形成，社会主义法治理念愈加成熟。当代的大学生作为社会主义建设者和接班人，必须承担起法治建设的重任。高校要坚决贯彻党的教育方针；围绕立德树人的根本任务，始终坚持为社会主义培养建设者和接班人；要加强大学生社会主义法治理念的教育，帮助学生培养树立法治理念，增强法治意识，明确战略目标；要培育和养成新时代大学生核心法治素养；要对大学生进行普法和法治宣传教育，使大学生的法律知识不断更新，扩展其法治知识储备、丰富其法治知识结构。

高校学生管理法治化要求高校管理者和学生具有一定的法治意识和法治理念，因此培育大学生法治素养必然是高校学生管理法治化的内容之一。高校一方面要通过理论教育进行引导，另一方面要通过法治化的实践和校园环境促进学生内生法治意识。高校要不断完善大学生法治素养的精神要素，增强尊崇宪法、尊崇法律的法治意识，树立宪法至上的法治观念；要增强规则意识，做到懂规矩、守规则，坚守规则红线、明确法律底线；要增强程序意识，学会依靠程序办事，遵循程序要求，形成程序观念；要增强权利平等意识，坚持公平正义，依法维权、护权，尊重和保障他人的权利，自觉维护自身的权利；要培养大学生严谨的法治思维，引导大学生运用法律的思维，依靠法治本身固有的运行特性和对法治的信念来认识事物、判断是非、解决问题；要树立权力服从于法律的权力思维、理性平等的权利思维、依法办事程序思维、自觉主动的法律责任思维，提高对法治的践行能力和运用能力。

（二）推进高校学生管理的法治化

推进学生管理法治化的基础和工作重点自然在基层高校。高校的法治化

建设必须适合社会主义法治建设的步伐，而高校和学生之间法律关系的调整和处理是高校管理的重要内容，因此高校学生管理工作的法治化必然要顺应新时代要求。

新时代中国特色社会主义法治思想对于高校贯彻法治理念，调整、规范和解决教育改革与发展中出现的新情况和新问题具有较强的现实意义。全面依法治国战略已经十分明确地对社会主义建设的各个领域提出了法治化建设的强烈要求。学生管理是高校管理的重要组成部分，高校学生管理法治化是全面依法治国的必然要求，是依法治国理念在教育领域特别是学生教育管理方面的具体运用。高校在学生管理现实中，因管理理念陈旧、法治观念不强、学生管理法律法规和校纪校规不完备、学生管理正当程序原则履行不规范、学生管理监督救济机制相对薄弱等问题的存在，高校学生管理法治化水平仍然达不到国家要求和社会需求；学生管理法治化水平与社会主义法治建设要求存在一定的差距，时常存在学生权利受损、救济不适当的情形。因此，推进高校学生管理法治化已经成为教育领域全面落实依法治国战略、主动践行社会主义法治建设的重要内容。

（三）构建高校学生管理的法治体系

贯彻中国特色社会主义法治理论，从法律规范、法治实施、法治监督、法治保障和政治保障五个方面构建形成社会主义法治体系，最终形成以完备的法律规范体系、高效的法治实施体系、严密的法治监督体系、有力的法治保障体系、完善的党内法规体系为核心内涵的社会主义法治体系。社会主义法治体系建设是全面依法治国的重要内容，也是推动促进全面依法治国的重要保障。高校作为全面依法治国的基层单位，近年来积极贯彻落实依法治教、依法治校的法治理念，在党委领导下的校长负责制模式下，普遍制定发布了大学章程，走上了按章办学的自治之路，按章办学，依法管理的理念愈加深厚。尤其是在学校与学生法律关系的处理上，随着学生法律意识的逐步增加，维权意识逐步提升，学校和学生经常处于诉讼的对立局面。因此，提升高校学生管理水平、促进管理法治化、减少学校与学生的法治冲突、推动法治体系建设是高校学生管理的必然要求。

新时代中国特色社会主义法治思想从立法、执法、救济、监督、保障等方面为法治建设作出了明确要求，为高校学生管理法治化建设提供了标准的方案。高校要以新时代中国特色社会主义法治思想为指导，系统地推动高校学生管理法治化体系建设。

第二节　高校学生管理法治化的现状

全面依法治教是全面推进依法治国的必然要求，高校学生管理法治化是依法治教的重要内容，高校学生管理工作必然要顺应新时代要求，实现管理法治化。在社会主义法治建设和法治化进程中，教育领域和高校学生管理已经积累了一定的基础，但与全面依法治国的总要求相比，仍然存在较多问题。

一、高校学生管理法治化的现实基础

（一）高校学生管理法治化的法制基础

《中华人民共和国宪法》赋予了所有公民受教育的权利。《中华人民共和国教育法》中也明确规定了学生的受教育权包括参加教育活动权、公正评价权、受奖励资助权等，同时强调在人身、财产等合法权益受侵后享有申诉或诉讼救济权。《中华人民共和国高等教育法》规定，高等学校应当面向社会，依法自主办学，实行民主管理。法律法规中关于学校管理和学生权益的一系列规定都要求高校依法办学、依法治校，切实维护并保障学生的合法权益，实现学生管理法治化。

自改革开放以来，政府持续推动社会主义法治建设，倡导形成法治社会，教育方面的立法也有序开展。根据教育法律法规的效力等级，基本形成了《中华人民共和国宪法》、教育基本法、教育法规、教育规章相一体的教育管理法制体系，包括《中华人民共和国教育法》《中华人民共和国高等教育法》《中华人民共和国教师法》《中华人民共和国学位条例》《普通高等学校学生管理规定》《普通高等学校学生安全教育及管理暂行规定》《教育部关于加强依法治校工作的若干意见》等几十部法律法规和规章制度，构成了我国现行的教育法律基础框架，并且在不断地修订完善。这些法律规范也成为高校学生管理法治化的法制基础和法治依据。

（二）国家政策和社会环境基础

党的十五大报告提出，依法治国是党领导人民治理国家的基本方略。中共十八届四中全会通过了《中共中央关于全面推进依法治国若干重大问题的

决定》，对全面依法治国进行了总体设计，提出了社会主义法治建设的基本要求，明确了社会主义法治体系建设的基本内容，吹响了法治国家、政府、社会建设的动员号。党的二十大报告指出，全面依法治国是国家治理的一场深刻革命，关系党执政兴国，关系人民幸福安康，关系党和国家长治久安；必须更好发挥法治固根本、稳预期、利长远的保障作用，在法治轨道上全面建设社会主义现代化国家。

《关于加强依法治校工作的若干意见》《教育部全面推进依法治校实施纲要》《教育部关于进一步加强高等学校法治工作的意见》先后发布，并要求各类学校按照法治精神与原则，转变管理理念和手段、方式，进行法治化管理。经过多年的政策推动和法治建设，依法治国、依法治教、依法治校的理念已经明确，校园法治的社会文化业已初步形成，法治建设已经在国家各领域、政府各部门、社会各行业不断推进，已经为高校学生管理法治化创设了良好的社会环境。

（三）高校按章办学的内部治理基础

《中国教育现代化 2035》《教育部关于深入推进学术学位与专业学位研究生教育分类发展的意见》《教育部等四部门关于印发〈职业学校兼职教师管理办法〉的通知》《教育部等八部门关于印发〈职业学校学生实习管理规定〉的通知》等直接或间接把完善高校内部治理结构、提升高校自我治理能力作为重要的改革任务。在宏观层面现代大学要实现政府宏观管理、市场适度调节、社会广泛参与、学校依法自主办学，在微观层面学校内部治理要实现校长负责、教授治学、民主管理。完善高校治理结构，关键是要正确构建高校内部权力运行机制，要正确处理好教育行政部门简政放权、放管结合与高校办学自治的合理边界，要正确处理好高校内部政治权力、行政权力、学术权力、民主管理、监督权力等各类权力的合理边界。

高校正处在建设现代大学、改革内部治理、推动内涵发展的新时代，教育法治是实施教育改革的重要途径。近年来，高校陆续完成了大学章程的制定与审批，实现了迈向高校内部治理完善的重要一步。大学章程是根据《中华人民共和国教育法》《高等学校章程制定暂行办法》，由高校党委审议并报教育行政部门核准的规范文件，是高校的最基本规范，在校内具有最高效力，其他一切规范和活动不得与章程相抵触。按照大学章程规定，高校以“党委领导、校长负责、教授治学、民主管理”的基本准则，建立和完善内部治理结构。依法治国、依法治教的理念已经逐步深入，按章办学的法治思维逐步确立。

二、高校学生管理法治化存在的问题

（一）学生管理法治观念不强

在传统思想的影响下，一些高校和教育管理者的管理理念陈旧，法律意识淡薄，简单地认为依法治校就是用法规制度来管理学校、管理学生，强调了学校管理者的主体地位，在学生管理制度的制定、学生管理工作的开展中都以学校管理者的意志为转移，忽视了从学生权益角度去考虑问题。这主要表现为学生管理重管理轻教育，重义务轻权利。大学生的管理应该是教育式的管理，而不是管理式的教育，而高校如果把管理作为工作的核心，单纯地要求学生遵守学校制度，认为不出事、不惹事就达到了教育的要求，那就会与管理育人的目标相差甚远。关于重义务轻权利，许多高校出于学生管理便利性，结合学校实际情况，制定了符合学校特定要求的条例与办法，但在制度的制定过程中，主要是以学生应该怎么做、禁止怎么做等条款居多，体现了管理者对学生的义务性要求，对于高校自身而言，则更多地以可以怎么做、有权怎么做描述居多。这些教育理念与新时代中国特色社会主义法治思想不一致，与法治管理的原则精神不一致，会在学生管理过程片面强调高校权力而忽视学生的权利。

（二）学生管理法律法规和校纪校规不完备

1. 国家层面的法律法规、部门规章不健全

《中华人民共和国教育法》的颁布标志着教育法制体系的基本框架确立，《中华人民共和国高等教育法》的出台对高等教育领域形成了指导性规范，但与其匹配的关于高等教育的其他法律法规则屈指可数，且较大部分是 21 世纪初的产物（《高等学校收费管理暂行办法》1996 年颁布，《中华人民共和国学位条例》2004 年颁布、《普通高等教育学历证书管理暂行规定》2004 年颁布、《普通本科学校设置暂行规定》2006 年颁布），尚未及时修订。对高校学生管理现实指导意义最高的应是 2017 年教育部修订的部门规章《普通高等学校学生管理规定》。从国家层面的法律规章来看，在学生管理立法上还存在一定的空白，学生管理法律法规的实际操作性不强，原则性条款多，解决具体问题的针对性不强，与社会主义法治体系建设要求的完备的法律法规体系还有相

当大的差距。

2. 高校自身的校纪校规不健全

高校制定校纪校规，往往注重管理权力的运用和执行，对管理对象的权力较少关注，体现在具体规定中则会出现学生的义务性要求和权利性保障不平衡，义务性的规定往往要比权利性规定多很多。高校在国家法律法规与规章制度的指导下制定校纪校规，往往会在具体条款的采用时，融入学校的实际情况，增加学校的特殊要件，而这些特殊的要求，时而超越法律法规所规定的界限，容易造成学生受教育权利的侵害，或者受教育权利实现难度的大幅度增加，有时会对学生的人身权、财产权造成不同程度的侵害。

（三）学生管理正当程序原则履行不规范

程序公正日益成为现代法治的核心要素，学生管理程序正当是受教育者权利保障的基本要求，没有正当程序，高校学生管理过程就不可能做到真正的公正、公开、公平。目前，不管是国家层面的法律法规还是校级层面的校纪校规，都是某一方面的原则性规定，或者解决某一方面问题的概括性、实体性要求，但是对解决问题的程序性要求很少有明确的规定，更没有单行的程序性规章。虽然在高校学生管理规定的条例中有正当程序的内容，但其与法治精神所追求的完整意义的程序正当有一定的差距。在高校管理制度订立阶段，一般缺乏学生的有效参与，以管理者自我意志为主。在制度执行阶段，对待具体问题的处理，往往只是注重处理决定后的程序要求，在处理前、处理过程中要遵循什么流程，履行什么手续，是否要召开听证程序目前缺乏详细的规定。

（四）学生管理监督救济机制相对薄弱

维护学生的合法权益是高校学生管理法治化的基本诉求，当权利受到侵害时，给予有效地救济是法治的基本要义。《中华人民共和国教育法》明确了受教育者对学校给予的处分不服可以进行申诉或诉讼。对于申诉权一般理解为同级申诉和向上级的申诉。对于同级申诉，目前高校在现实中并没有在机构设置中单独成立申诉受理机构，而且即使在部分高校内部成立了专门负责受理申诉的机构和人员，但其由管理干部、专业教师、学生代表组成的非专业队伍，能否作出中立合理的裁判还须加以思考。对于向上级申诉，在高校的管理制度里一般不予涉及，即使有相关条款，但具体的受理单位和部门、申诉方式学生也不得而知，真正的行使更是无从谈起。诉讼是学生权益救济的最后保障，在教育行政诉讼早期的司法实践中，实行的是立案审查制，法院关于教育行政诉讼的具体受理范围界限不是太清晰，法院仅是对法律赋予高校行政权力范围内的事项予以裁判，存在一定的自由裁量情形，法院驳回管理对象诉讼请求的情形时有发生，司法审查监督在高校制定制度及学生权利救济方面的作用都比较薄弱。

三、高校管理中学生权利受损的常见类型

（一）学生受教育权的侵害

1. 剥夺或限制学生的受教育权

《普通高等学校学生管理规定》明确了实施“开除学籍”处分决定的情形，也赋予了高等学校内部管理的权限。但存在有些高校为了严肃校纪校规，在制定高校内部规定时提高标准，在进行处分适用时从严处置，导致一些处分行为背离了法律法规的原则精神，直接剥夺了学生的受教育权。

2. 侵害学生获得公正教育评价的权利

《中华人民共和国教育法》规定，学生享有在学业成绩和品行上获得公正评价，完成规定的学业后获得相应的学业证书、学位证书的权利。《中华人民共和国学位条例》对于学士、硕士、博士学位的授予条件规定也较为原则性，各高校在学生管理与评价工作中自由裁量权较大，时常发生学生与高校在学业与学位证书问题上的冲突。

（二）学生人身权的侵害

1. 侵犯学生的人身自由权

部分高校基于学生安全管理的角度，要求所有学生实行住宿制，不论学生家庭远近，一律住校由学校统一管理，或者对学生的走读实施极其苛刻的限制条件。这虽然是基于学生人身安全着想，但高校学生已经是完全民事行为能力公民，学生有权根据自己的生活习惯与家庭条件选择合适的求学方式，高校关注的焦点应该是学生、家庭、学校三者的义务与管理职责。

2. 侵犯学生的名誉权

学生名誉关系其在学校的地位、人格尊严等，会对学生能否在校进行正常的上课学习、交往生活产生很大的影响。但是高校在管理过程中，经常存

在将学生考试成绩公之于众，将对学生违纪处分的决定进行通报公告，并且对学生个人信息未予以隐匿，极易对学生的名誉权造成损害。

3. 侵犯学生隐私权

侵犯学生隐私权主要表现在高校基于安全保卫、治安管控和提高管理效率的需要，安装监控设备进行录影录像的行为。对于厕所、宿舍等学生个人生活的秘密场所，绝对不能进行信息采集。此外，对于学生个人信息的保护，尤其是需要与社会单位进行信息与数据交互时如何予以管控，避免信息泄露也需要高校提高警惕。

（三）学生财产权的侵害

1. 收费问题

收费项目的扩大、收费标准的提高和已取消项目的继续收费是目前高校侵害学生财产权的主要形式。其包括部分高校违法收取学生录取时的赞助、建校费；学生转专业时的转专业费；不符合物价部门要求收取的补考费、重修费；强制收取的社会服务类代购与服务费；统一征订教辅材料、课外读物商业购买；实验实训器材损坏高价赔偿；等等。

2. 罚款与财产没收问题

在部分高校学生管理过程中，基于某些方面存在一定的管理难度，高校为了追求短期的管理效果，往往会采取罚款的错误举措。特别是在校园安全文明管理领域，如对抽烟的罚款、对宿舍违章电器的没收、对交通工具违停的罚款等。

第三节　高校学生管理法治化建设的具体建议

高校学生管理的法治化是法治理念在学生管理领域的深入应用，是法治环境、立法执法、司法监督等各要素的系统体现。高校应当从学生管理法律和规范制定、管理法治化的实施与监督等方面予以强化，不断营造法治氛围，在国家法律规范的基础上，建立“自主性校规”和“介入性校规”相互补充的学校规范体系，突出法治正当程序要求，强化学生权益救济机制，建立民主监督机制。

一、学生管理法律和规范制定的建议

（一）学生管理法律和规范的分类

1. 国家层面的法律法规与规章制度体系

高校学生管理涉及学生的教育权、民事权等诸多权利，高校学生管理过程产生的法律关系也随之包括行政法律关系、民事法律关系等不同法律关系。对于不同的法律权利与法律关系，必须有不同效力与等级的法律法规、规章来调整。学生管理法治化在国家层面必须在宪法的精神指导下，通过制定各类单行法律进行规范管理，构建教育立法，教育、民事、行政法律法规，教育部门规章、条例，民事、行政诉讼程序法等其他相关法律制度为一体的法律体系。目前国家已经基本形成了高校学生管理法治化的法律框架体系，具体包括《中华人民共和国宪法》《中华人民共和国教育法》《中华人民共和国高等教育法》《中华人民共和国职业教育法》《中华人民共和国学位条例》《普通高等学校学生管理规定》《普通高等教育学历证书管理暂行规定》《国家教育考试违规处理办法》《研究生学籍管理规定》《学生伤害事故处理办法》《中华人民共和国民法典》等。在程序法上有《中华人民共和国行政诉讼法》《中华人民共和国行政复议法》《中华人民共和国民事诉讼法》等。现行国家法律法规和规章既包括了教育宏观政策与精神要求，也包括学生的权利与义务、学籍与学位管理、学生奖励与处分、学生伤害事故、学生申诉救济等诸多专题内容的规定，已经初步形成高校学生管理法治化的国家层面法律法规和规章制度体系。

2. “自主性校规”和“介入性校规”相互补充的学校规范体系

高校对于学生的日常管理，涉及教育教学、评奖评优、违纪处分、干部聘任、党员发展、社团活动、社会实践、餐饮住宿、生活安全等众多方面，管理内容基本超出了法律法规与行政部门规章条例规定的范围，高校学生管理大部分是运用校内自治规范进行的管理。依据《中华人民共和国高等教育法》，高校与其内部成员之间的关系，由高校自身制定的章程来具体规范，而章程的法定内容之一就是“内部管理体制”（第 28 条第 6 项）。在这样的前提下，该法律规定了高等学校法人自主权的各种内容就能够由该“内部管理体制”来具体设置。在实践中，承载这些内容的文书对外表现形式往往起名为“细则”或“办法”等名称。总之，作为法人规范内部关系的校规，其效力限于法人的“内部管理体制”之内，其效力不得违背法律规范的规定，即在法律规范优位的前提下具有自主的有效性。基于《中华人民共和国高等教育法》的上述规定，依法定的章程制定的体现高校“内部管理体制”中自主权的各种规定，属于规范高校法人内部秩序的制度。学理上将一个组织能够自主设置、规范组织自身的内部秩序的规范称为“自治性规范”。为契合《中华人民共和国高等教育法》的用语，将这种校规称为“自主性校规”。基于高校与学生之间既有行政法律关系，又有民事法律关系的事实，高校的自治规范也应做进一步区分，以满足高校作为不同法律关系主体时指导高校实施合法合理的管理。

简单言之，高校以法律法规授权为基础，以教育法律法规和行政部门规章为依据而制定的、涉及学生基本权利和重大利益，约束高校具体管理行为的制度规定可以归为高校“介入性校规”。高校中基于学校和学生间平等关系而约定的，不涉及学生基本权利和重大利益的，以学生的日常管理为主的非重要事项的制度，属于高校完全“自主性校规”的范围。

（二）学生管理内部自治规范体系构建

高校学生管理法治化在学校层面的制度体系构建目前仍然处于建设发展阶段，各高校制度建设不同步、不平衡、不全面、不完善等一系列问题不同程度的存在。有的高校连最基本的学校章程都未制定或者未审核通过、对学校的权力运行与管理方式未能明确规定，大部分学校未对学校自身如何制定文件、制度进行规范，作为具体事务管理规范的制度本身在内容结构、制定程序、回顾评价、修改完善等方面存在较大的随意性，不符合法治化管理的要求。目前，高校学生管理具体事项规范主要包括学生学籍管理、违纪处分管理、奖助学金与优秀评定、宿舍管理、考试管理等方面，基本以涉及大部分学生或影响学生重大权益的日常管理规范为主，并不能涵盖学生管理的方方面面，许多学生事务的管理仍然通过学校管理者个人的思维判断进行具体操作，操作过程的科学性和处理方式的稳定性都有缺憾。此外，目前高校学生管理制度较多地致力于规范解决现实存在的具体问题，即着重关注实体规范，但对管理权力运行的流程规范、学生权益保护或受损后的救济流程规范等程序性要求规定较少，缺乏统一的标准要求，时常导致学生实体权益受损。

构建高校学生管理的自治规范体系，健全完善高校学生管理的校内规章制度，对于实现高校学生管理法治化具有决定性意义。2011 年，教育部颁

《高等学校章程制定暂行办法》，明确了高校章程的地位，高校章程是高校内部的“宪法”，是高校的权力机构为了保证学校独立地位，根据国家或地方政府教育法律法规，按照一定的程序制定并且具有一定法律效力的治校总纲领。在高校内部，学生管理法治化须在学校章程的精神指导下，以法律法规、教育行政规章和其他规范性文件为依据，通过制定各类学生管理规范，构建形成学校“立法”规范、具体事项管理的实体规范、管理权力行使与学生权利救济的程序规范三者为一体的学校层面规范体系。

（三）学生管理法律和规范的完善

1. 国家层面规范体系的完善

一是对于学生管理的法治化，从国家层面的法律法规来看，必须加快法律法规中有关高校学生管理内容的立法与修订工作，要形成内容上和谐一致，层次上排列有序，充分反映立法规律和时代要求的高等教育法律法规体系，使高校学生管理中各个主要方面和主要管理行为都有法可依。2018 年，《中华人民共和国高等教育法》在国家通用语言文字教育、增加职业教育、完善教育资助制度、强化家庭和社会的教育责任、促进教育公平、加强教育信息化建设、规范校外培训机构等方面进行了修正，但涉及高校学生管理的内容不多。《中华人民共和国教育法》明确，受教育者享有以下权利：参加教育教学计划安排的各种活动，使用教育教学设施、设备、图书资料；按照国家有关规定获得奖学金、贷学金、助学金；在学业成绩和品行上获得公正评价，完成规定的学业后获得相应的学业证书、学位证书；对学校给予的处分不服向有关部门提出申诉，对学校、教师侵犯其人身权、财产权等合法权益，提出申诉或者依法提起诉讼；法律法规规定的其他权利。对高校内部管理的规定属于笼统性描述，缺乏直接指导高校进行内部管理的实体性与程序性要求，尤其在学生民主参与学校治理、高校的学生管理权力界限、学生权利行使与救济保护等方面没有更详细的规定。

二是要加强教育法律法规与其他民事、行政法律法规的衔接。以高校在校生结婚生育为例，同时涉及学生的受教育权、婚姻权、生育权。《普通高等学校学生管理规定》已经取消了在校学习期间擅自结婚作退学处理的规定，不再限制在校学生结婚和生育。这可理解为凡是符合《中华人民共和国民法典》规定结婚年龄男不早于 22 周岁、女不早于 20 周岁可自愿结婚。生育权是指公民享有生育子女及获得与此相关的信息和服务的权利。生育权属于人权范畴，在法律上没有强制性规定，只是在国家政策上，鼓励晚婚晚育，即男性 25 周岁以后婚孕、女性 23 周岁以后婚孕。学生达到法定年龄结婚生育当然可以休学保留学籍，但如果未达法定婚龄孕育或虽已达婚龄但未结婚孕育此类违反国家法律法规的情形，学校应该如何处理仍无明确的法律依据。

三是要加强高校教育法律法规的清理汇编工作。因教育法律关系的特殊性，涉及学生管理的法律规范很多，不同国家机关，基于不同职权、不同时期、不同关注点制定的法律规范，在内容上或有重复交叉，或有矛盾不符，或有空白盲点。要消除法律法规之间的各类问题，就必须切实做好高等教育法律法规的清理汇编与一致性审查工作，从而促进学生管理法治化在国家层面构建完善的法律法规体系。

2. 学校层面规范体系的完善

学校学生管理要坚持以德为先、育人为本，坚持以标准化的管理实现无差异对待，确保学生在公平公正的制度体系与管理流程下成长成才。在高校内部层面，学生管理法治化制度的完善是学校内部质量保障体系建设的内容之一，要做到校内的“科学立法、民主立法、依法立法”，并在完善制度制定标准与流程、加强管理事项建章立制、营造程序公平正义等方面不断努力。

一是要构建契合于法治要求的高校学生管理制度制定规范标准和法定程序，管理制度的创制者要熟悉教育法律规范，熟悉学院人才培养方案，熟悉学生管理经验，并具备相应的公文和法律文书写作能力；要明确学生管理制度起草单位、征询对象、审议单位和审稿单位；要明确计划认证、调研起草、民主征求意见、审查审稿、审议通过、公告发布等基本程序；要建立学生管理制度制定过程学生参与的机制，重视管理对象在制度制定过程中的作用，明确制度真正的意义和作用，促进管理对象的认可与执行。

二是要建立自治规范的司法审查机制，增强自治规范的合法性。我国高校虽然没有明确提出大学自治的理念，但明确了高校事业单位法人的独立地位。高校要依据自身制定的自治规范来自主处理好学校与学生的行政法律关系和民事法律关系，学生在具体法律关系形成前显然已处于不利地位，如果放任高校完全自主制定涉及学生基本权利和重大利益事项的行政性规范文件，那么可能会侵害学生的合法权益。因此，在既要保证大学一定自治权，又要避免学生合法权益受侵害的情形下，对高校“介入性校规”建立司法审查机制尤为必要。

2017 年，《中华人民共和国行政诉讼法》第二次修订后，法院在审理高校行政诉讼案件时，可以对校规自身的合法性进行审查。通过对高校行政诉讼案例的分析，有学者认为高校校规司法审查需要根据校规调整的不同事项、约束的不同权力实施不同程度地审查。例如，对与学术、学位证相关的校规一般以形式审查和目的性审查为主，而且需要根据其与学术权力的密切程度进行区分对待；对学生处分、学籍管理等非学术性校规的审查遵循合法性审查原则。

高校校规是高等学校公共权力行使的重要依据，是现代大学治理的介质文本，在法律地位上可类同于“规章以下的规范性文件”。“校规亦法”，法律性与“准”法律性是校规可被司法适用的规范内核。校规的司法适用以附带性审查为前提，司法审判机关有权选择适用合法的高校校规作为相应教育行政诉讼案件审理的“参考”。

三是要不断充实完善制度管理的具体事项，形成制度管权的法治环境。管理工作者在工作过程中要注重管理问题和处理方式的积累，当现实问题较常出现或较大范围出现时，必须及时制定出台针对性解决措施并形成管理制度，逐步实现事事有规定，件件有标准的制度体系。管理工作者要及时清理高校学生管理制度，对学生管理制度实施回顾评价机制；及时关注上位法律法规修订情况，审查现行校内制度与政府政策和法律精神的一致性，伴随着国家法治化建设进程和民主和谐建设进程，剔除违反法律原则与不合理的内容，为高校学生管理提供健康科学的制度环境。

四是要进一步完善学生管理程序性规范制度，构建形成学生管理正当程序原则。高校目前普遍仅在学生违纪处分等针对学生重大权益的决定时规定了处理的程序原则，且只是作为学生管理某一专项制度中的一小部分内容，法律地位和重视程度显然弱于实体规定。高校要逐步建立管理权力行使过程的听证制度和程序规范，制定学生违纪处罚程序规则、学生申诉救济程序规则等专项制度，不断提高程序正当在法治化管理进程中的重要意义。

二、学生管理法治化实施的建议

高效的学生管理法治化实施应当从浓厚的学生管理法治环境、规范的学生管理正当程序、畅通的学生管理救济机制等方面来实现。

（一）浓厚的学生管理法治环境

1. 强化高校学生法治化管理的理念

一是应强调从管理学生转向服务学生的理念。传统认为，高校与学生之间是管理者与被管理者的对立关系。随着社会的发展，高校与学生之间形成了集教育、管理、服务为一体的新型关系。高校作为教育、管理、服务行为实施者应从学生现实需要出发，践行以学生为本的管理理念，积极转变自身角色，强化学生管理工作的服务意识，不断完善服务功能，通过体现学生主体地位来促进学生积极参与学校管理工作的积极性。强调以生为本，必须尊重学生，强化服务意识。高校学生管理必须从单纯的强制管理向强制管理与人性服务相结合转变，此转变并不意味着要削弱高校的管理职能，而是为了弥补强制管理在以育人为本的高校人才培养过程中所无法实现的功能，通过强制管理和人性服务相结合，刚柔并济，将管理和服务最终都落脚到促进学生全面发展这一终极目标上来。以生为本要求高校在管理与服务过程中必须重视学生的个性，把发展学生个性、培养学生创新精神放在突出位置。高校学生管理人员要调整角色定位，重新审视管理关系，学生不应被局限的认为是纯粹的管理对象，学生管理和教育教学一样，学生均是管理工作和教学工作的主体之一，必须注重并充分发挥学生的主观能动性；要积极开展学生管理功能的迁移，将部分学生管理职能逐渐转变为学生服务职能，真正建立完备有效的学生发展服务体系。

二是应强调从约束学生行为转向保障学生权益的理念。高校学生管理法治化的直接目的是保护被管理学生的权利。学生作为自然人兼具受教育者和公民的双重主体身份，他们既与学校发生教育行政法律关系拥有行政权力，也与学校产生平等主体的民事法律关系拥有民事权利，更有作为普通公民应当享受的受教育权等一系列公民基本权利。这些权利是任何组织和个人不得侵犯的。因此，高校教育管理者起草规章制度为学生设定各种义务时，应当首先考虑学生本应该享有的权利是否切实得到保障，如果学校规章制度的创制只倾向于对学生作出单纯义务性的规定，而不注重对学生权益的保护，这样的规则势必难以为学生所普遍接受，更不利于学生吸收并转为其自觉的行为，也无法调动学生遵守规章制度的积极性。高校必须逐步改变学生地位的认识，充分意识到学生不再是单纯的管理对象，更是众多民事权利与行政权力的主体，必须以维护学生的法定权利为出发点，不断增强教育管理行为的规范性。权利本位的法治理念对于促进高校从管理为目的转为以服务为宗旨的管理观念有积极意义，有助于不断提升学生的主人翁意识和参与校园管理的积极性，有利于高校管理者管理意图的落实、管理过程的高效、管理目标的实现。在高校学生法治化管理模式下，衡量高校学生管理工作的优与差，不能局限于学生管理常规业绩的高低，而应同时关注学生各项权益是否得以保护与实现，要关注学生对学校本身的管理行为与管理工作的满意度，这是高校学生管理法治化的必然选择。

2. 营造法治化管理的环境氛围

学生管理法治化的重点在于学校作为管理者要转变观念，要以法律意识、法律观念来实施所有管理行为；学生要有民主意识和法律意识，积极发挥学校主人翁的作用，要以法律意识和思维来评判和参与学校的管理行为。高等学校要积极落实全面依法治国在依法治校方面的要求，要把法律课程列为高校学生必修课，做到法律知识进人才培养方案、进教学计划、进教学课堂的三进，做到法律课程教材、法律授课教师、法制辅导员三落实。高校领导干部和管理部门职工要积极学习法律知识，树立法治观念，模范遵守法律法规，严格依法依规开展各项工作；法制辅导员在学生日常文化、体育、娱乐和社会实践活动中，逐步增加法治教育内容，通过学生喜爱或接受的教育方式，开展富有法治教育成效的教育活动，使学生在潜移默化中感受到公平正义的法治精神，不断提高法治意识和法律素养；努力营造全院师生员工法治意识强烈、遵纪守法观念坚定的法治化管理良好环境。

（二）规范的学生管理正当程序

1. 学生管理正当程序的法治意义

《普通高等学校学生管理规定》要求，学校对学生的处分，应当做到证据充分、依据明确、定性准确、程序正当、处分适当。如果程序不当，即使证据充足、依据明确，那么学生应当享有的知情权、解释权和处分后的救济权等一系列权利也无法保证，纵使处分结果恰当，但形成过程本身已经违反了权力运行秩序，已经与管理法治化背道而驰。因此学生管理的法治化要求，高校在做出侵害或者影响学生切身利益的行为时，必须严格按照法律法规或规章制度规定的权力行使的条件、方式、步骤、顺序、时限要求等规定来实施，在单方实施管理行为时，要严格履行听取学生申辩、告知、解释和送达等程序义务。学生管理正当程序，客观上营造了一个高校管理部门与学生之间可以对话的良好环境，在管理权的行使过程中学生通过正当程序的参与，对处理的过程有充分的了解，即使结果对自己不利，学生也能在预定的程序中宣泄不满，最后也能坦然的服从结果接受处分。

2. 学生管理正当程序的具体内容

一般情况下学生管理正当程序应当包含学生管理制度的公布与解释、具体管理行为的告知、听取学生的意见与想法、学生管理行为的理由说明、接受学生申诉救济等基本内容。在实现学生管理法律、制度充足完备这一法治化管理前提下，针对学生和教职工进行的制度学习与解释是有效推动法治化管理的必备环节，是学校实施具体管理行为的依据，有助于提高师生法治意识，无形中推进法治化进程。管理行为的告知，要求高校实施管理行为须通过一定程序向学生进行展示，确保学生知晓管理行为。听取当事人意见在学校制定学生管理具体制度与政策、对学生实施不利或影响其权益的处置行为时尤其重要，是必经程序；说明管理行为的理由是指在学校作出对学生合法权益产生不利影响的行为时，必须说明事实根据和制度依据，这既是对学生权益的保护，也是弥补学生弱势地位，构建形成学校、学生两者平等地位的程序要求。权利救济程序即当学校对学生作出有利害关系的行为时，学生可以向学校内部或者上级机关提出申诉。《普通高等学校学生管理规定》要求，各高校必须设立专门的申诉受理机构来处理学生的申诉请求。此外，权利救济可以采取法律诉讼的司法保护程序来保障学生的权利。

3. 管理正义和管理效率的平衡

正当程序还应考虑高校学生管理工作的效率及高校教育管理公共利益和学生个人合法权益之间的平衡。对不同的行为要求相同的正当程序是不符合实际的。通常情况下，高校必须设立最低限度的正当程序来实现最低限度的公正。对此，高校可以根据学校与学生之间法律关系的不同层级，以高校适用的法律法规或内部自治规范为区别。如果是以国家法律法规和行政规章、高校内部行政性规范文件为依据实施的影响学生基本权利和重大权益的行为，那么必须以较高限度的正当程序来实施，以保护处于弱势地位的学生个体。

（三）畅通的学生管理救济机制

有权利必有救济，无救济的权利是无保障的权利。任何一项以学生为相对人的管理行为，必然会对学生的权益产生影响，或许有一些是纯受益的奖励行为，但更多的是管理需要的约束和处分行为，所以构建学生权利的救济机制是高校学生管理法治化的重要路径之一。目前，高校学生权利救济一般有三种途径：一是申诉途径，即行政救济；二是诉讼途径，即司法救济，三是调解救济，主要是民事救济。

1. 行政救济

行政救济是指当学生对学校对其实施的管理与处置行为决定不服，或学校实施/侵犯其合法权益的行为时，学生可以向学校专门机构或学校的上级主管机关提出申请，对管理行为予以审查并重新做出处理的救济方式。《中华人民共和国教育法》和《普通高等学校学生管理规定》对学生申诉制度已经有明确规定，“学生对学校给予的处分不服有权向有关部门提出申诉……”，“学生对处分决定有异议的，在接到学校处分决定书之日起 5 个工作日内可以向学校申诉”。因此，行政救济是法律法规明确规定的维护学生合法权益的权利救济制度，而且法律规定的救济范围比较宽泛，包括受教育权（学籍）、人身权、财产权、公正评价权等多项权利。通过学生的申诉，学校与学生之间的沟通、解释，能及时有效、公正和谐的处理在教育管理过程中发生的冲突，能充分体现以人为本的教育理念，彰显育人为本的教育大义。

目前，高校学生申诉范围不明，处理程序缺乏具体规定，教育行政申诉普遍未发挥作用，行政申诉与行政复议界限模糊，实施效果并不尽如人意。对于行政救济，还需要进一步明确救济的事项范围，进一步明确高校学生申诉处理委员会的具体设置、人员构成与管理权限，受理、处理工作程序等运行机制，同时完善申诉后的救济机制。

2. 司法救济

随着全面依法治国进程的推进和公民个体法律维权意识的不断增强，高校学生与校方就管理行为产生的冲突与纠纷通过法律诉讼解决的方式占据了一定的比例，并且呈上升趋势。司法救济是高校学生权利救济的最后一道保障。高校学生管理行为司法救济使得学校教育管理权力在司法监督下运行，这不仅在实际运用时能保护学生的权益，同时可以促使学校管理人员内生责任，迫使督促自己以法治的精神和要求作出合理合规合法的管理行为。

对于司法救济，目前普遍认为还需要进一步梳理好介入教育教学管理行为的限度问题。《中华人民共和国教育法》《中华人民共和国高等教育法》规定了高等学校和教育机构所享有的包括核定办学规模、制定招生方案、自主设置专业、组织实施教学、开展科学研究和社会服务等广泛的自主权，同时具有学术权力和行政权力两种属性。通常认为，对于高校因学生违纪实施行政权力的管理行为，司法介入的广度和深度要更加全面，而对于高校因学生学业与学术评价等原因实施的学术权力的管理行为，司法介入应该只能是管理行为的程序要求，而非实体性评价。若要充分体现司法救济是一种权威性、终极性的权利救济方式，则可以考虑在司法审判实践中通过设置学术能力鉴定组织提供专家意见的方式予以介入，以保证学生获得最为公平公正并且是令人信服的学术评价。同时，司法救济在实施程序上可以考虑校内或校级主管部门的行政复议救济是必经程序，只有在行政救济未实现的情况下，才能实施诉讼救济。

当前高校与学生的法律纠纷涉及教学管理、事务管理和后勤管理三大领域时，案件性质主要为行政诉讼与民事诉讼。当司法审查涉及学术案件时，应坚持学术节制原则，建立教育行政诉讼制度，明确高校行使行政职权的行为的具体范围，保障学生权利在受侵害时得到充分的司法救济。

3. 调解救济

基于高校与学生的双重法律关系，除了因行政管理行为导致权益受损进行行政救济以外，还应该存在调解救济的一般机制。调解救济是基于学校和学生平等关系或对于不涉及学生重要权益日常管理行为导致学生权益受损的救济机制。调解救济较行政救济和司法救济更为缓和，高校可以成立专门的委员会，根据需要组织教师、学生、管理人员等多方代表组成调解小组，履行调解功能。基于调解本身是双方自愿意识表示及达成一致的过程，所以对于调解救济机制的运行规则可以相对宽松，但对于哪些可进行调解救济，哪些不适用调解救济应当有一定的分类界限。

行政诉讼中以不适用调解为原则，适用为例外。《中华人民共和国行政诉讼法》规定，以下案件适用于调解，即行政赔偿、补偿以及行政机关行使法律法规规定的自由裁量权的案件。在司法实践中，只有明确进行调解的实体性和程序性构成要件，并严格加以落实，才能准确地处理案件，提高司法效率，维护司法公平。

三、学生管理法治化监督的建议

法治自身即规矩的代名词，是在规定的限度内开展工作。从狭义的角度来看法治化监督仅是对法律实施的监督。对高校学生管理的法治化监督，应界定为对高校执行法律规章和内部自治规范情况的监督。广义的法治化监督是对法治化建设与实施的整体监督。本书从广义角度认为高校学生管理法治化监督也应是涵盖“立法、执法、救济”全过程的监督，对实体正义和程序正当双角度的监督，对“互联网＋”信息技术新方式的监督。基于高校学生管理法治化监督内容的全面性，高校学生管理法治化监督主体应包括高校及其内部专责监督的纪检监察机关、管理对象及利害关系人、社会民众、教育行政部门、司法机关等众多主体，各类监督主体在不同的管理事项、不同的管理环节中发挥着各自的作用。

（一）“立法、执法、救济”全过程的监督

1. 学生管理“立法”的监督

根据高校学生管理规范的分类，“立法”监督应当包括国家层面立法的监督和高校内部“立法”的监督。本书主要分析校内规范制定的监督。高校内部层面学生管理自治规范的制定即是校内立法的过程，要真正做到校内的“科学立法、民主立法、依法立法”，除了对立法工作提出制定标准与流程外，对立法工作本身的监督也必不可少。一是对校内立法者立法能力的监督，要监督校内立法的参与者是否具备相应的公文和法律文书写作能力，是否熟悉教育法律规范，是否掌握一定的学生管理经验。二是要监督立法过程是否执行了既定的学生管理制度建设规范标准和法定程序，是否严格执行了调研起草、民主征求意见、审查审稿、审议通过、公告发布等基本程序，是否落实了学生参与的民主机制。三是要监督校内立法形成的自治规范是否与国家法律规范和大学章程相一致，监督是否落实了行政性自治规范的司法审查机制，要确保校内自治规范不与上位文件冲突，确保校内自治规范合法有效。

2. 学生管理“执法”的监督

“执法”应从广义上理解为高校运用法律规范和自治规范实施或作出的影响学生权利和义务的行为与决定的各类活动，通俗地讲就是学校对学生实施的具体管理行为。法治监督的核心就是对执法的监督，高校利用各级各类规范进行学生管理的“执法”过程也是高校学生管理法治监督的核心，其中运

用法律规范和校内行政性规范文件进行管理的行为是监督的重点。一是要对管理行为的主体进行监督。要监督其是否属于有权做出该类管理行为的主体，监督其是否属于能做出该等级管理决定的主体，防止发生无权管理、越权处理等情形。二是要对管理主体运用法律规范和自治规范是否适当进行监督。要监督管理主体适用规范性文件是否准确，适用规范性文件的条款是否准确，是否与事实相符合，是否符合管理行为自由裁量的限度范围。三是要对管理主体的管理行为是否符合规范程序进行监督。要监督管理主体在调查了解阶段是否充分听取了管理对象的情况说明，在管理行为或管理决定形成前是否听取了管理对象的意见，管理行为实施后是否告知了学生进行权益救济的途径和方式等内容。

3. 学生管理“救济”的监督

救济是权益受损主体运用法治武器保护自己的最后手段，有权利必有救济，无救济的权利是无保障的权利，但若空有救济的形式，无法发挥救济的实质效用，权益主体最后的法治武器将会失去意义，权益保障也将名存实亡。因此，救济的监督是避免权利人权益受损的最后一道防线，是权益主体最后的保护伞，也是管理法治化体系的重要构成。根据高校学生管理救济方式自身的分类，监督也可分为行政救济的监督、司法救济的监督和调解救济的监督。对于行政救济的监督，基于高校现状，一是要监督高校是否建立了行政救济机制，是否明确了救济受理机构和受理范围，是否形成了规范的工作规则；二是监督救济机构是否能正确履行职能，是否能真正发挥维持公平与正义的作用。对于司法救济，目前普遍认为还需要进一步梳理好司法救济介入教育教学管理行为的限度问题。通常认为，对于高校因学生违纪实施行政权力的管理行为，司法介入的广度和深度要更加全面，而对于高校因学生学业与学术评价等原因实施的学术权力的管理行为，司法介入应该只能是管理行为的程序要求，而非实体性评价。因此，司法救济的监督主要围绕矛盾冲突是否属于司法救济范围以及诉讼活动本身是否符合实体正义和程序正当的要求。调解救济的监督主要是监督双方是否真实意思表示，是否存在欺诈、隐瞒或显失公平等情形。

（二）实体正义和程序正当双角度的监督

实体正义和程序正当是社会利益目标的两个方面，也是法律秩序发挥作用的两杆称，两者之间是相互统一和缺一不可的。高校学生管理法治化监督应该是对两者的共同监督。

1. 实体正义的监督

实体正义是指人们在对实体上的权利、义务和责任进行确定所要遵循的价值标准，其强调结果的正当合理与道德性。实体正义的监督，要求监督机构和人员对凡是可能影响或变更学生管理最终结果的行为和结论进行监督，包括调查资料关联性和真实性的监督、调查认定事实准确性的监督、法律法规行政规章和校内自治规范适用准确性的监督、对各类规范解释和“立法”意志领会情况的监督、学生管理决策行为合规性的监督、处理决定文书说理性的监督等，要真正做到事实认定清晰，规范适用准确、处理尺度合规。

2. 程序正当的监督

程序正当要求法的制定、实施过程都必须按照程序法预制的规定要求执行，不得突破既定规则，或者在程序文件虽未规定时不能违背法治的基本原则和公认的伦理道德，其强调过程的正当合理与道德性。程序监督理念是基于其与实体监督理念的辩证关系而形成的新型监督领域。程序监督理念意识到程序正义在实现全社会公平正义这个目标上是至关重要的。基于我国国情和法治发展史，人们对程序正当的认识普遍低于对实体正义的认识，高校学生管理现实也体现了程序正当的缺失。对学生管理程序正当的监督要求高校监督机构和人员不仅要追求学生管理实体合规性和合理性的监督，同时要对学生管理行为的整个过程是否符合正义要求进行监督。

(三)“互联网+”信息技术新方式的监督

1. 利用信息技术实现管理权力的管控和留痕

信息化流程的建设与运用，必须以完善的工作制度、精准的工作流程、标准的权力界限为前提。高校借助信息化技术将学生管理的工作制度、工作标准、工作流程与学校信息化建设基础相适应，“量身定制”成适用于学校实际的网上流程，将对学生管理权力和行为的控制转变成具体流程的控制，有助于对学生管理权力运用的跟踪，真正实现制度管权、流程管事。依托现代信息技术，高校针对学校学生管理领域开发设计各类管理流程，能实现管理工作过程中各个具体、关键环节的网络记录，重要事项还涉及学生评议、班级测评、会议讨论、相关部门领导层层审批等复杂环节。通过网上办公流程，在记录事项活动进程的同时，对各个环节的正常流转与异常变迁进行记录，对权力运行轨迹进行实时登记，实现了工作过程档案的自动记载与保存，能为事后对该活动过程进行复盘、对问题进行追溯反查、对责任主体进行追究提供数字化、电子化依据，有效防止滥用职权。

2. 利用信息技术实现管理权力的公开和监督

高校学生管理信息化建设打破了信息孤岛，做到了“网络通、数据通、应用通”。通过数据中心信息共享，能把学生管理工作中有价值的数据提取出来，进行数据质量稽查；通过清洗比对分析，应用大数据技术，将业务流程和过程数据分析运用，能为学生管理部门分析业务进程与工作态势提供技术手段。信息技术的广泛运用，使得高校的学生管理权力在共享的应用平台里、既定的规章制度下、设定的标准流程中、圈定的电子跑道上相对自由地流转。制度流程的钳制、信息技术的抓痕、公开透明的震慑，从软件、硬件、环境多维度形成内部控制的合力，使权力运用愈加公平透明，促进了学生管理部门与学生的信息对称，使学生能进一步了解学校职权部门的权力运用状态和决策用权的依据，知情权进一步予以保障。此外，业务流程信息化能促进高校内部监督功能有效发挥，有助于构建自我监督、专责监督、群众监督的民主监督氛围和监督平台，进一步强化学生管理法治意识，有效防止权力的滥用。

四、学生管理法治化保障的建议

近年来，虽然依法治教、依法治校的初步体系已经形成并不断完善，但高校学生管理整体法治化水平仍然与社会主义法治目标有一定差距，各高校必须形成有力的校内法治保障体系，才能全面推进高校学生管理法治化建设。广义上理解法治化保障是为法治化建设提供的保障，是对法治运行的立法、执法、司法、监督等整体活动的保障，涉及的保障要素有很多，如政治保障、文化保障、队伍保障、考评保障等。

（一）政治保障

党的领导和社会主义法治是一致的，社会主义法治必须坚持党的领导，党的领导必须依靠社会主义法治。高校实行党委领导下的校长负责制，党的领导是实现高校学生管理法治化体系的保障。高校办学的根本问题是培养什么人和怎样培养人。这个目标任务如果没有党委去宏观把握，就会迷失大学的办学方向。因此，在深化高等教育改革过程中，推进依法治校就不能弱化党的领导，必须旗帜鲜明地把党的领导与依法治校统一起来。

法律同政治是密不可分的，政治保障对于法治而言具有根本制约性，没有良好政治条件和政治环境的高校，根本无法实施学生管理法治化。一是高校学生管理法治化是党委加强党风廉政建设的必然要求。高校学生管理法治化要求学校学生管理部门和领导干部严格按照法律规范和自治规范实施学生管理行为，要求把学生管理权力限制在制度和规则的“笼子”里，是高校党风廉政建设在学生管理领域的具体体现。二是高校学生管理法治化是高校党委完善内部治理、建设现代大学的必然要求。高校要在党委的领导下，着力抓好依法治校，不断提高高校现代治理水平。高校学生管理要从强化内部管理制度、运行机制、决策程序和管理方法上入手，完善管理体系，达到法治化水平。三是高校学生管理法治化是高校党委落实为师生服务宗旨的必然要求。高校必须始终坚守为学生服务的宗旨，坚持教学育人、管理育人、服务育人，而对所有学生赋予平等权利，管理过程中公平对待、考核工作中公正评价都是管理法治化的具体体现。没有党的领导，高校学生管理法治事业就失去了主心骨，就会走入歧途和邪路，甚至引发混乱和失控，不仅无法实施法治，更会损害全体师生的共同利益。高校学生管理法治体系的建设是全面推进依法治国在高校管理中的具体任务，只有依靠学校党委发挥统揽全局，协调学工、教务、二级教学单位、后勤服务等各方的作用，才能打破原有的管理模式，不断提升学生管理法治化，才能将学校法治事业推向前进。

（二）文化保障

高校学生管理法治化需要校园法治文化的保障，法治文化既包括师生意识隐性文化，还包括校园环境、制度等显性文化。全校师生要尊法守法，让法治文化成为推动高校法治管理的内生动力和行为规矩。党的二十大报告指出，应加快建设法治社会；弘扬社会主义法治精神，传承中华优秀传统法律文化，引导全体人民做社会主义法治的忠实崇尚者、自觉遵守者、坚定捍卫者；努力使尊法学法守法用法在全社会蔚然成风。

高校法治文化建设的目标是通过一系列教育、宣传、实践、体验活动让广大师生强化法治观念，形成法治信仰。高校要通过教学课堂、专题班会、讲座报告、政策宣讲等多种方式深入开展师生法治教育。高校法治文化建设还应注重显性环境的熏陶与营造，可以通过张贴法治标语，设置法治展板，建设法治文化长廊、文化墙、文化柱、文化广场等方式加强文化传播阵地建设。高校还可以打造法治文化品牌活动，充分发挥素质教育课程体系激励作用，通过学生社团和社会实践鼓励创作以法治为主题的文艺作品，选取消费者权益日、知识产权日等法治教育重要时间节点打造“普法剧场”“模拟法庭”“寻找宪法日青年”等法治教育品牌活动，学生在法治实践教育活动中获得学分认证的同时，进一步扩大法治宣传教育活动成果，增强师生法治的道德底蕴、强化法治规则意识。

（三）队伍保障

法治简而言之是行为主体在法治思维指引下运用法律制度进行的治理，其关键在于人的实施。其实施主体法治素质的高低。业务能力的强弱直接决定了法治化程度的高低。高校学生管理法治化建设同样离不开学生管理队伍的实施，而学生管理队伍的法治素质、业务能力自然成为高校学生管理法治化水平的重要因素。

中共中央已经经提出了推进法治队伍正规化、专业化、职业化建设的要求，虽然高校学生管理属于非典型法律专业领域，但要实现高校学生管理法治化，必须在重要管理活动中增加法律专业人才的介入。在高校学生管理校内层面的“立法、执法、救济”三个过程中，均有部分重要活动需要专业人才介入予以保障。一是在校内自治规范制定活动中，基于对学生权益影响的重要性，对于“介入性校规”即带有行政色彩的规范性文件的制定必须有法律专业人才的参与，而且该类制度的制定实施校内专业审查为必要，司法审查可以在诉讼活动中附带进行。在校内审查活动中必须有专业法律人士参与、论证，确保制度本身的合法性、合理性，防止法治化建设的源头错误。二是在用自治规范调整学校和学生关系时，基于学生管理队伍更多为教育领域专业人员，一般情况下不应做法律专业的过多要求，但是在涉及学生重要权利或重大利益的处置活动中必须加以谨慎对待。例如，关于学生处分决定、学籍处理、学业评价、学位授予等活动中要作出对学生不利的决定时，必须有专业的人士参与，以保证活动过程实体正义和程序正当都能符合法治要求。三是在校内学生申请复议进行救济的阶段，必须有法律专业人才参与。校内救济作为学生在校内实施的最后一道权益保障行为，高校应当对复议机构的组成人员进行原则性要求，应该明确规定有法律专业人才的参与为必要，必须通过专业人员从合法和合理两方面、实体和程序两个角度进行公正评判，为高校学生管理法治化建设守好最后一座关隘。

（四）考评保障

党的领导提供了高校管理法治化坚强政治保障，校园法治文化为高校管理法治化催生了无形的内在要求，专业的法治人才队伍为高校法治化建设提供了人才支持，完备的校内自治规范、正当高效的法治执行、严密的法治监督从立法、执行、救济、监督各环节全面推动了高校法治化建设的正常轨道。在高校这个基层组织，除了常规的日常工作年度考核外，考核评价也是推动重点任务、重点工程、重点项目的重要措施。

将高校管理法治化纳入高校重点工程进行专项考核、将学生管理法治化纳入学生工作专项考核必将对高校学生管理法治化进程提供充分的动力和压力保障。

一是将学生管理法治化情况纳入学生工作专项考核。制定学院学生管理法治体系建设指标，从自治规范的完备性、合法性对“立法”工作评价，从学生管理具体行为的准确性、程序正当性、学生满意度等方面对“执法”工作评价，将学生申诉情况纳入监督体系评价，将法治文化宣传教育活动和成效、法治文化环境和师生法治理论水平建设纳入法治保障体系评价，通过专项考核和年度考核形成高校学生管理法治化的状态数据，通过数据对比促进各单位法治建设工作水平。

二是将领导干部法治化推进情况纳入领导干部年度考核。将领导干部落实建设责任、传递建设压力、分析研究建设形势、部署建设任务、开展校内自治规范的“废、改、立”工作，严格按照自治规范行使职权等情况纳入领导干部考核排名，增加考核结论在干部聘任和提升工作中的力度。

三是重点加大对党员干部违反工作制度、违反自治规则实施学生管理行为的查处惩治力度。对于按照规则应为而不为，不应为而为，以及越权而为，滥用职权进行学生管理的行为，严格按照《中国共产党纪律处分条例》和《事业单位工作人员处分暂行规定》等法纪规章进行处理。对于影响教师形象、违反规矩破坏法治秩序的行为及时进行通报警示，为高校学生管理法治化建设提供坚强的纪律保障。

参考文献

[1] 刘长海．教育性学生管理研究［M］．武汉：华中科技大学出版社，2022.

[2] 吴文静．高校学生管理与模式创新研究［M］．北京：北京工业大学出版社，2022.

[3] 王春宝，张永越．高校学生管理创新理念研究［M］．北京：中国商务出版社，2022.

[4] 程细平．高校学生管理工作与管理模式创新［M］．北京：北京工业大学出版社，2021.

[5] 沈佳，许晓静．基于多视角下的高校学生管理工作探究［M］．北京：现代出版社，2021.

[6] 宋岩，魏丹丹，李佰玲．新媒体时代下德育教育与学生管理［M］．汕头：汕头大学出版社，2022.

[7] 吴山，魏洪春，张春磊．新时代背景下学生管理理论与工作创新［M］．长春：吉林出版集团股份有限公司，2021.

[8] 赵威．基于应用型人才培养的高校学生管理创新模式研究［M］．长春：吉林出版集团股份有限公司，2021.

[9] 李金平．高校思想政治教育与学生管理工作融合发展研究［M］．北京：北京工业大学出版社，2021.

[10] 杨潇．高校学生管理工作与法治化研究［M］．北京：北京工业大学出版社，2021.

[11] 石月皎．高校学生管理的法治化建设研究［M］．北京：北京工业大学出版社，2021.

[12] 姚丹，孙洪波．高校教育信息化管理与学生管理工作［M］．北京：中国纺织出版社有限公司，2021.

[13] 董洁．大数据赋能高校学生管理的逻辑理路与优化路径研究［D］．

徐州：中国矿业大学，2023.

［14］章亚兴．我国高校学生管理的法律风险防控制度［D］．长春：吉林大学，2021.

［15］王经纬．信息化背景下高职院校学生管理工作创新研究——以L高职院校为例［D］．兰州：西北师范大学，2021.

［16］刘婧．高等院校学生管理数据化研究［D］．南昌：江西财经大学，2020.

［17］王光鹏．基于多元差异的学生管理实践策略研究［D］．锦州：渤海大学，2019.

［18］王琪．新时代高校学生民主管理权的实现及其保障研究［D］．桂林：广西师范大学，2023.

［19］曹赵．高校学生信息化管理的伦理问题研究［D］．桂林：广西师范大学，2023.

［20］季燕．新媒体时代高校意识形态管理权研究［D］．南京：南京邮电大学，2023.

［21］渠晨曦．大数据赋能高校治理的机理与实践路径研究［D］．徐州：中国矿业大学，2023.

［22］朱肖霖，靳汝雪，黄静．大数据时代下高校学生管理的信息化建设［J］．国际公关，2024（6）：170－172.

［23］贾琬朝．大数据时代高校学生管理工作创新与策略研究［J］．科教导刊，2024（9）：132－134.

［24］芦杰．大数据时代高校辅导员学生管理工作的创新路径研究［J］．哈尔滨职业技术学院学报，2024（2）：73－75.

［25］冯振伦．融媒体视野下高校学生管理工作创新方法探析［J］．新闻研究导刊，2024，15（5）：182－184.

［26］阚淑锦，卓馨．三全育人视域下高校学生管理与学生党支部建设融合模式探究［J］．绥化学院学报，2024，44（3）：111－113.

［27］张明宇．信息化背景下高校学生管理模式创新性探究［J］．中国管理信息化，2024，27（5）：198－201.

［28］徐烺．高职学生管理制度创新的思考［J］．黄冈职业技术学院学报，2024，26（1）：43－46.

[29] 王久洋．自媒体时代高校学生管理工作研究［J］．辽宁高职学报，2024，26（2）：95－99.

[30] 颜永杰．新媒体视野下高职院校学生教育管理现状及优化路径［J］．公关世界，2024（2）：100－102.

[31] 刘泓伶，黎江．大数据视域下高职学生管理创新策略［J］．公关世界，2024（2）：115－117.

[32] 胡宏志．激励理论与高校学生管理工作有机结合内涵、现状与应用［J］．湖北开放职业学院学报，2024，37（1）：53－54＋57.

[33] 杜云豪．自媒体时代高职院校学生管理工作的创新路径研究［J］．新闻研究导刊，2024，15（1）：154－156.

[34] 叶祖斌．学生管理工作与高校思想政治教育融合路径探索［J］．国家通用语言文字教学与研究，2023（12）：49－51.

[35] 赵志阳．一站式学生管理工作路径探索［J］．科技风，2023（35）：166－168.

[36] 孙迪．基于智慧校园的高职院校学生管理创新研究［J］．商讯，2023（24）：179－182.

[37] 周诗．网络学习环境下高职学生自主管理能力培养研究［J］．辽宁经济职业技术学院．辽宁经济管理干部学院学报，2023（6）：32－34.

[38] 曹静．新时期高校学生管理工作的创新思路分析［J］．办公室业务，2023（23）：88－90.

[39] 李炜哲．新媒体时代背景下的高校学生教育管理工作［J］．中国多媒体与网络教学学报（上旬刊），2023（12）：113－116.

[40] 花考生．信息时代下学生管理工作的创新开展［J］．科技风，2023（32）：77－79.

[41] 李建文，许益凡．协同育人理念下高职院校“7S”学生管理新模式构建研究［J］．现代职业教育，2023（32）：81－84.

[42] 王乐，高雅馨．新媒体背景下高职院校学生管理的困境与突围策略探析［J］．新闻研究导刊，2023，14（21）：191－193.

[43] 景鹏成．高校学生管理中信息化平台的建设与应用［J］．中国管理信息化，2023，26（21）：137－140.

[44] 王恩明．职业院校学生管理融合思政教育的策略研究［J］．辽宁经

济职业技术学院．辽宁经济管理干部学院学报，2023（5）：124－126.

［45］康琴．网格化管理模式在高职学生管理工作中的应用［J］．江西电力职业技术学院学报，2023，36（9）：106－108.

［46］季霞．“三全育人”视角下高校学生管理的路径探析［J］．教育教学论坛，2023（38）：173－176.

［47］李华雨．信息化背景下开放大学的学生管理创新研究［J］．吉林广播电视大学学报，2023（5）：22－24.

［48］段建华．“双高”时代高职学生管理方法刍议［J］．科学咨询（科技·管理），2023（09）：41－43.

［49］仲晓谦．学生主体观视域下高校学生管理工作改革研究［J］．辽宁经济职业技术学院．辽宁经济管理干部学院学报，2023（4）：33－35.

［50］张彧．立德树人视域下高校学生管理工作与思政教育的融合路径探析［J］．辽宁省交通高等专科学校学报，2023，25（4）：37－40.

［51］李忆华，阳小华．大数据时代的学校管理变革［J］．教学与管理，2014（18）：47－49.

［52］袁利平，林琳．大数据赋能高等教育治理的逻辑理路、现实境遇及行动选择［J］．高校教育管理，2022，16（3）：32－45.

［53］周南平，贾佳．大数据背景下的高校信息化建设路径研究［J］．中国电化教育，2018（9）：75－80.

［54］马星，王楠．基于大数据的高校教学质量评价体系构建［J］．清华大学教育研究，2018，39（2）：38－43.

［55］赵晓伟，沈书生，翁子凌．教育新基建赋能智慧校园转型升级：可能与可为［J］．现代教育技术，2022，32（11）：42－49.

［56］郭亚军，袁一鸣，杨志顺．基于大数据的高校教学知识管理模式研究［J］．现代情报，2021，41（10）：101－108.

［57］吴驰，毛文卉，刘雅琴．信息化视角下高校基础数据管理策略研究与实践［J］．中国教育信息化，2022，28（9）：83－88.

［58］李升阳．基于数据共享的高校学生管理工作方案提升——评《高校信息化建设与管理——技术篇》［J］．领导科学，2021（2）：2.

［59］佘双好，康超．思想政治教育大数据方法的提出及其运用空间［J］．北京工业大学学报（社会科学版），2022，22（5）：22－30.

附　　录

附录一　大数据赋能高校学生管理访谈提纲一（老师）

1. 您对大数据有没有关注？
2. 您认为大数据应用到高校学生工作有没有必要，或者说有何意义？
3. 您所在高校对大数据赋能高校学生工作有没有进行探索，有哪些探索？
4. 您认为大数据赋能给当前学生工作带来哪些显著变化，效果如何？
5. 您认为大数据赋能高校学生管理还存在哪些不足？
6. 您认为大数据赋能高校学生管理的制约因素有哪些？
7. 您对大数据赋能高校学生管理有哪些希望和建议？
8. 针对这个话题，您还有什么看法需要补充？

附录二　大数据赋能高校学生管理访谈提纲二（学生）

1. 您对大数据有没有关注，感受如何？
2. 您认为当前高校学生管理工作怎么样？
3. 您认为大数据运用对自身的学习生活有何影响？与之前对比有何区别？
4. 您是否感受到大数据在日常学生工作中的运用，是否给您带来了便利，具体有哪些变化？
5. 您认为大数据对高校学生管理工作是否有优化？具体体现在哪些方面？
6. 您认为大数据应用到高校学生管理的制约因素有哪些？
7. 您对大数据技术应用到高校学生管理有哪些希望和要求？
8. 您认为其他需要补充说明的内容？